Mama sein
ist nicht so schwer

SIMONE GAFFRON

Mama sein
ist nicht so schwer

Überlebens-
strategien
fürs erste
Babyjahr

Was Sie in diesem Buch finden

Jetzt ist es endlich da!

Jetzt ist es also da – das Baby. Noch ist es wie ein Wunder, dass es auf der Welt ist. Welch Wechselbad an Gefühlen liegt hinter den frischgebackenen Eltern. Die Geburt ist ein einschneidendes Erlebnis, das ihre bisherige Welt vollkommen auf den Kopf gestellt hat. Aber auch das Baby hat eine anstrengende Zeit hinter sich. Der Weg ans Tageslicht war bestimmt nicht einfach und mit Stress verbunden.

Jetzt müssen sich alle Beteiligten erst einmal gegenseitig kennenlernen und sich in die neue Situation hineinfinden. Vielleicht möchten Sie am liebsten gleich wieder nach Hause, in Ihre gewohnte Umgebung. Vielleicht fühlen Sie sich auch noch schwach nach der anstrengenden Geburt und könnten eigentlich nur noch weinen. Lassen Sie sich einfach Zeit! Zeit für Ihr Kind, für Ihren Partner, für Ihre Angehörigen und Ihre Freunde. Und natürlich auch Zeit für sich selbst.

Wo *ist hier bitte der* Schalter »Mutterliebe«?

»Dieses süße, hilflose kleine Wesen muss man einfach lieb haben.« – Haben Sie diesen Satz auch schon zu hören bekommen? Wenn das so einfach wäre …

Unabhängig davon, ob die Geburt lang oder kurz dauerte – jetzt spielen die Hormone verrückt, denn schließlich hat Ihr Körper jetzt ganz andere Aufgaben als in der Schwangerschaft. Der Östrogenspiegel fällt rapide ab, die »Glückshormone« sind im Abnehmen begriffen. Kein Wunder also, dass sich manchmal keine Mutterliebe einstellen kann. Was man gegen den Baby-Blues unternehmen kann? Einfach hineinfallen lassen – so raten wenigstens viele Experten. Lassen Sie sich einfach hängen, spielen Sie Ihrer Umgebung nicht die überglückliche Mutter vor. Überlassen Sie Ihr Baby guten Gewissens dem Pflegepersonal oder dem Partner, wenn Sie sich erst mal ausruhen müssen. Einige Tage nach der Geburt sieht die Welt schon wieder ganz anders aus.

Mein Rat

Mutterliebe ist kein Schalter, der sich anknipsen lässt. Hat sie sich nach zwei bis drei Wochen nicht eingestellt, sollte man mit der Hebamme oder dem Arzt darüber sprechen. Oft hilft bereits dieses Gespräch – falls nicht, wissen diese Personen jemanden, der weiterhelfen kann.

Ist das Kind denn noch drin?

Mehr als neun Monate wächst das Baby im Bauch der Mutter heran. Gegen Ende der Schwangerschaft sehnt man den Tag der Geburt regelrecht herbei. In erster Linie kann man es natürlich nicht mehr erwarten, endlich das Baby im Arm zu halten und es zu bestaunen. Aber man wünscht sich auch, mal wieder aufrecht auf einem Stuhl oder Sessel zu sitzen und nicht halb liegend darin herumzulümmeln. Oder endlich wieder Shoppen oder einen Cappuccino trinken zu gehen, ohne gleich am

Mein Rat

Nehmen Sie sich für den Nachhauseweg vom Krankenhaus oder vom Geburtshaus eine bequeme Hose mit, die etwas Spielraum lässt. Im Auto die Luft anhalten zu müssen oder mit offenem Reißverschluss dazusitzen ist doof. Es muss ja nicht die Schwangerschaftshose sein, von der haben alle frischgebackenen Mütter erst mal die Nase voll. Es gibt auch andere Hosen mit Gummizug oder verstellbarer Taille.

Eingang des Cafés oder des Babygeschäfts hektisch nach der nächsten Toilette Ausschau zu halten. Vielleicht haben Sie beim Einkaufsbummel – Babyklamotten, was sonst? – auch hin und wieder einen heimlichen Blick in die Schaufenster geworfen, wo die Highlights der nächsten Saison präsentiert werden. Und sich gefreut, bald zu einem Großeinkauf für sich selbst aufzubrechen, bei dem Sie das Baby gemütlich im Kinderwagen fahren und nicht mehr im Bauch vor sich herschieben müssen.

Leider ist das mit dem Bauch nicht immer so einfach. Als ich mich nach der Geburt erstmals wieder im Spiegel betrachtete, dachte ich, dass da ja vielleicht noch ein zweites Kind drin sein müsste. Also stellen Sie sich schon mal drauf ein: Einige Zeit wird schon vergehen, bis Sie Ihre alte Figur wiederhaben. Allgemein sagt man: Der Bauch ist neun Monate gewachsen und braucht auch genauso lange, bis er wieder weg ist. Eine Ausnahme sind vielleicht Supermodels und Hollywood-Stars, die das mit Personal Trainer und Riesenehrgeiz in kürzerer Zeit schaffen. Mit Rückbildungsgymnastik – natürlich nicht gleich nach der Geburt – kann man selbst dafür sorgen, dass der Bauch wieder straffer und das Zusatzgewicht weniger wird. Aber keine Sorge, es gibt dafür extra Kurse und Angebote von Hebammen und Fitness-Studios. Einfach nachfragen!

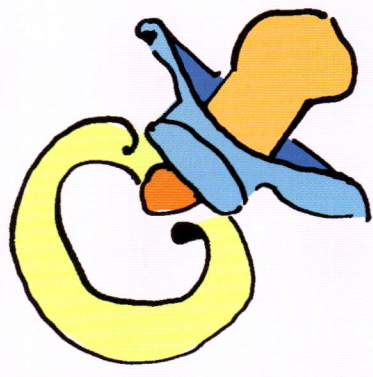

Schnuller und Co.

Dreijährige Kinder mit Schnuller im Mund sind für mich immer ein Albtraum gewesen. Und ich hatte schon früh beschlossen, es beim eigenen Kind mal viel besser zu machen. Aus diesem Grund hatte ich auch vor der Geburt den Entschluss gefasst, dass mein Kind einfach keinen Schnuller bekommen sollte. Auf diese Weise müsste ich dem Nachwuchs dann später nicht wieder mühsam den Schnuller abgewöhnen.

So weit, so gut. In der dritten Nacht im Krankenhaus machte es sich das kleine Wesen an meiner Brust bequem – für zwei Stunden! Ich war fix und fertig am nächsten Morgen und fühlte mich komplett ausgesaugt. Ich schilderte meiner Hebamme dann den nächtlichen Stress, und ihre Antwort war: »Da hilft dann wohl nur ein Schnuller.« Und so sind wir nach der Entlassung aus dem Krankenhaus nicht wie geplant auf direktem Weg nach Hause, sondern zuerst in eine Apotheke marschiert, um einen Schnuller zu kaufen. Dort war ich überwältigt von der fast unüberschaubaren Anzahl an Modellen. Rund, gaumenangepasst, kiefergerecht, brustgerecht – die Auswahl war schier grenzenlos. Schließlich nahm ich drei verschiedene Modelle mit und probierte sie nacheinander aus. Ziemlich schnell hatten wir das passende Exemplar herausgefunden, das nächtliche Trinken wurde auf den wirklichen Hunger begrenzt und war nach 20 Minuten beendet.

Was ich daraus gelernt habe? Jedes Kind ist anders. Das Saugbedürfnis des einen ist ausgeprägter als das des anderen. Auf jeden Fall möchten die meisten Babys länger saugen, als es zur Nahrungsaufnahme eigentlich notwendig wäre. Und dieses Bedürfnis sollte auch nicht eingeschränkt werden, weil es in der frühkindlichen Entwicklung eine wichtige Rolle spielt.

Wenn Sie sich wegen Zahnfehlstellungen Gedanken machen, so können Sie nach dem Einschlafen den Schnuller ja einfach aus dem Babymund herausziehen – herausgespuckt wird er von den meisten Kinder übrigens sowieso, wenn sie nach 20 Minuten in die Tiefschlafphase fallen. Solange ein Schnuller dem Kind mit Augenmaß überlassen wird, wirkt er sich meiner Erfahrung nach auf jeden Fall nicht negativ aus.

Mein Tipp

Ein Schnuller gehört bereits in die Krankenhaustasche. Bei Markenschnullern gibt es eine Größeneinteilung. Auf jeden Fall am Anfang den kleinsten verwenden!

Schnuller oder Daumen?

Der Daumen ist immer verfügbar: Dieser Gedanke ist schon vielen Eltern bei der nächtlichen Suche nach dem verflixten Schnuller – im Hintergrund schreit sich das Baby die Seele aus dem Leib – durch den Kopf geschossen. Allerdings: Viele Kieferorthopäden vertreten die Meinung, dass Daumenlutschen viel gefährlicher sei als der Schnuller. Schließlich sei der Daumen auf keinen Fall kiefergerecht geformt, und durch Dauernuckeln rund um die Uhr könne es leichter zu Fehlstellungen im Zahn- und Kieferbereich kommen, die später mühsam korrigiert werden müssen. Diese sollen sich auch negativ auf das Sprachvermögen auswirken und manchmal sogar das Abbeißen unmöglich machen.

Abgewöhnen sollten sich die Kleinen etwa ab dem zweiten Lebensjahr im Übrigen beides: Schnuller und Daumen. Dann müssen Sie vor allem konsequent sein und sich eventuell ein schönes Abgewöhnritual ausdenken.

Mein Tipp

Es ist leichter, dem Baby den Schnuller abzugewöhnen als das Daumenlutschen!

Karies ist ansteckend!

Man kann es sich gar nicht früh genug bewusst machen: Eltern können den Erreger *Streptococcus mutans*, den Hauptverantwortlichen für Karies, auf ihre Kinder übertragen. Wie das passieren kann? Nun, Neugeborene kommen immer frei von Kariesbakterien auf die Welt, die bekommen sie dann erst später unter anderem von den nächsten Angehörigen übertragen. Wie das geht?

Ganz einfach: Indem Sie selbst aus der Babyflasche trinken, um die Temperatur der Milch oder des Tees zu prüfen. Oder indem Sie heruntergefallene Schnuller im eigenen Mund »wieder sauber« machen oder später beim Füttern den Löffel des Kindes ablecken. Besser ist aber ein neuer Schnuller oder ein Tropfen Milch, der zum Temperaturtest auf die Innenseite des Handgelenks getupft wird.

Mein Tipp

Lecken Sie Löffel oder Schnuller des Babys nie ab. Das erhöht das Kariesrisiko für das Kind. Schmusen ist aber immer erlaubt!

13

Schlaflose Nächte

Na, sehen Sie zurzeit auch etwas hohläugig und übernächtigt aus? Wenn Ihr Kind nicht zu den fünf Prozent gehört, die nach der Geburt schnell durchschlafen, müssen Sie sich wahrscheinlich auf ein mehr oder weniger großes Schlafdefizit innerhalb der ersten acht bis zwölf Monate nach der Geburt einstellen.

Viele Mütter kämpfen aber noch mit einem ganz anderen Schlafräuber: Angst. Kaum schläft der kleine Racker endlich einmal friedlich in seinem Bettchen, hat man Angst, er könnte aufhören zu atmen. Die Horror-

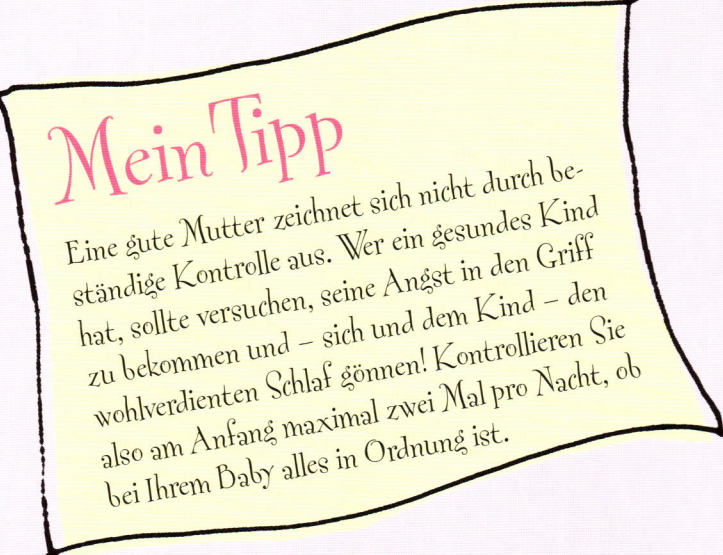

Mein Tipp

Eine gute Mutter zeichnet sich nicht durch beständige Kontrolle aus. Wer ein gesundes Kind hat, sollte versuchen, seine Angst in den Griff zu bekommen und – sich und dem Kind – den wohlverdienten Schlaf gönnen! Kontrollieren Sie also am Anfang maximal zwei Mal pro Nacht, ob bei Ihrem Baby alles in Ordnung ist.

vorstellung des plötzlichen Kindstods geistert durch die Köpfe. Diese Angst teilen Sie mit vielen anderen Eltern, und sie beginnt oft schon im Kreißsaal. Quasi zeitgleich mit dem Kind wird auch der Gedanke geboren, das Baby könnte aufhören zu atmen. Viele Eltern stehen unter einem regelrechten Kontrollzwang und schauen ständig nach, ob sich nicht irgendetwas zum Schlechten verändert hat. So war es bei mir. Obwohl ich todmüde war, raffte ich mich auf und schaute nach dem Kind. Das ein oder andere Mal ist es auch durch mein Nachsehen aufgewacht, war dann nicht mehr zu beruhigen und ließ mich die nächsten Stunden nicht schlafen.

Die Angst um das Kind kann einem keiner nehmen, allerdings gibt es Vorsorgemaßnahmen, die den plötzlichen Kindstod verhindern helfen:

- Legen Sie Ihr Baby zum Schlafen auf den Rücken. Die Bauchlage hat sich als Risikofaktor erwiesen, auch die Seitenlage gilt als unsicher, weil die Babys daraus auf den Bauch rollen können.
- Lassen Sie Ihr Baby auf einer festen Matratze schlafen, verwenden Sie keine Kopfpolster. Vermeiden Sie eine Überwärmung des Säuglings.
- Ihr Kind sollte in einer rauchfreien Umgebung aufwachsen. Atemwegsinfektionen stellen nämlich ebenfalls ein Risiko dar.

Die eigenen vier Wände

Sehnsüchtig wartete ich darauf, das Baby endlich vom Krankenhaus nach Hause zu bringen. Gleichzeitig hatte ich davor auch etwas Respekt. Kein Arzt und keine Hebamme, nach denen ich klingeln konnte, wenn ich nicht weiterwusste. Meine Hebamme hatte mir immerhin versprochen, noch am Entlassungstag bei uns vorbeizukommen. Das gab mir Halt. Als am Abend die ersten Schreie kamen, obwohl ich mein Baby satt bei mir im Arm hatte, dachte ich, dass sich gleich die Nachbarn beschweren würden. Für mich waren die Schreie ohrenbetäubend laut, und ich ging davon aus, dass davon das ganze Haus aufwachen würde. Dies war natürlich Quatsch. Alles in allem habe die Zeit des ersten Kennenlernens in den eigenen vier Wänden sehr genossen, zumal wir auch noch sehr von unseren Besuchern verwöhnt wurden, insbesondere mit gutem Essen. So blieb ganz viel Zeit für den kleinen Racker in unserem Leben.

Vom richtigen Zeitpunkt

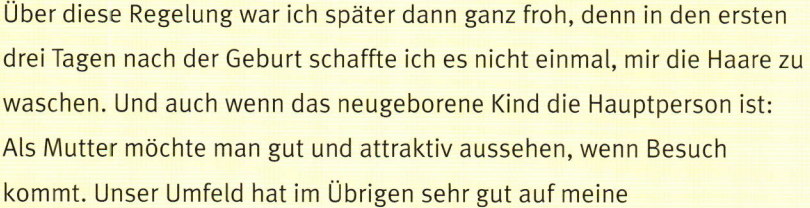

Um ein Kind zu bekommen, gibt es keinen falschen Zeitpunkt – für Besuch allerdings schon. Klar, Familie und
Freunde warten fast genauso gespannt auf die Geburt des
neuen Erdenbürgers wie man selbst und würden am liebsten
sofort nach der Geburt im Krankenhaus oder zu Hause vorbei-
kommen. Ich hatte vor der Geburt bereits verkündet, dass wir
uns sehr über Besuch freuen würden – aber erst zwei Wochen nach
der Geburt.

Über diese Regelung war ich später dann ganz froh, denn in den ersten
drei Tagen nach der Geburt schaffte ich es nicht einmal, mir die Haare zu
waschen. Und auch wenn das neugeborene Kind die Hauptperson ist:
Als Mutter möchte man gut und attraktiv aussehen, wenn Besuch
kommt. Unser Umfeld hat im Übrigen sehr gut auf meine
Ansage reagiert. So wussten sie auf
jeden Fall, wie es mir
am liebsten war. Und
die meisten erfahrenen
Eltern haben sich wieder
daran erinnert, dass auch
sie am Anfang ihr Kind
einfach ungestört kennen-
lernen wollten.

Mein Rat

Teilen Sie Ihrem Besuch schon vor
der Geburt mit, wie und wann Sie sich
über Gesellschaft freuen würden.

17

Komm, lass uns das Kind bestaunen

Nicht nur Sie selbst möchten das Baby anfassen, auch die Besucher möchten es streicheln, vielleicht sogar im Arm halten. Mir war dies gar nicht immer so recht. Ich hatte Angst, mein Engel könnte sich Bakterien oder Viren einfangen. Schließlich kamen die Besucher ja aus der Welt »da draußen« und hatten womöglich dreckige Hände! Zwar wusste ich, dass mein Baby durch meine Abwehrkräfte geschützt war, die es über die Muttermilch bekam. Aber man konnte ja nie wissen.

Viele Besucher hatten Verständnis, als ich sagte: »Heute bitte nur anschauen!«, und ließen sich auf später vertrösten. Manchen Gästen konnte ich aber den Wunsch, mein Baby einmal in den Arm nehmen zu dürfen, nicht abschlagen. Meine Eltern gehörten beispielsweise dazu. Ich habe sie aber vorher darüber aufgeklärt, wie sie das Babyköpfchen stützen müssen. Klar, sie haben mich großgezogen – aber das war ja schon ganz schön lange her ...

Mein Rat

Für alle Besucher sollten Babyfeuchttücher bereitliegen. Dann können sie sich damit die Hände abreiben. Wenn Sie sich als Mutter dadurch besser fühlen, werden Ihre Gäste gern diese »Spielregeln« akzeptieren.

Wie Weihnachten ...

In der ersten Zeit zu Hause kommen viele
Bekannte, Verwandte und Freunde vorbei,
die Ihnen und Ihrem Baby auch etwas schenken möchten. Mit der Zeit kommt da eine
beachtliche Sammlung an Spieluhren,
Strampelanzügen und Teddybären zusammen – Drillinge könnten locker
damit ausgestattet werden.

Mein Tipp

Bitten Sie doch Ihren Besuch, statt eines
Präsents für das Baby ein Geschenk für
alle Familienmitglieder mitzubringen:
etwas Leckeres zu essen.

Als junge Mutter hat man oft ein ganz anderes Prob-
lem: Der Tag vergeht so schnell, dass der Haushalt darüber vergessen
wird. Und außerdem ist es ganz schön stressig, jetzt mit Kind den Alltag
mit all seinen Verpflichtungen und Aufgaben zu bewältigen. Auch und
gerade zum Kochen fehlen einfach Lust und Zeit. Wäre es jetzt nicht
schön, wenn jeder Besucher etwas Feines zu essen mitbringen würde?
Vielleicht praktisch in einer Auflaufform ver-
packt und ordentlich beschriftet,
sodass man das Ganze nur
noch in den Ofen
schieben muss
oder als »Not-
ration« in der
Tiefkühltruhe
aufbewahren
kann?

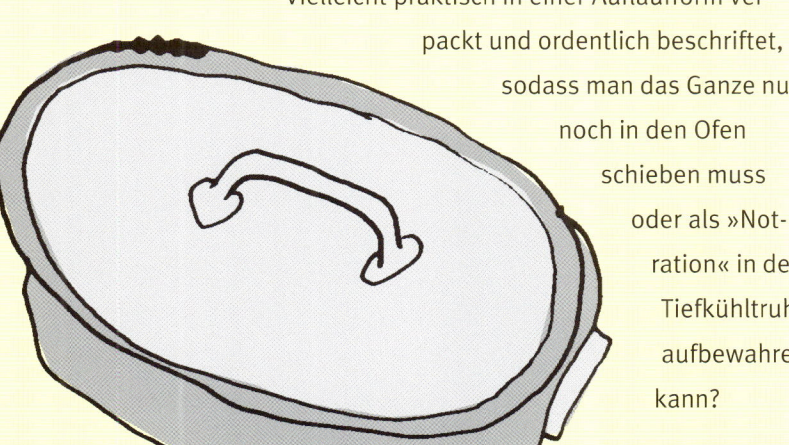

Frischgebackene Großeltern

Gerade die Omas können es kaum erwarten, den neuen Erdenbürger zu begrüßen. Oft schwelgen sie dann in Erinnerungen und denken wehmütig an längst vergangene Zeiten zurück, als sie selbst junge Mütter waren. Vor allem möchten sie einen an ihren Erfahrungen teilhaben lassen und einem mit Rat und Tat zur Seite stehen. Dann folgen oft solche Tipps wie: »Lass es ruhig mal schreien, das ist gut für die Lunge!« oder die Frage: »Kriegt das Kind beim Stillen eigentlich genug ab, musst du es nicht öfter wiegen und zufüttern?«

Da es um das Nervenkostüm von Müttern, die gerade entbunden haben, aufgrund der Hormonumstellung oft nicht besonders gut steht, kann es

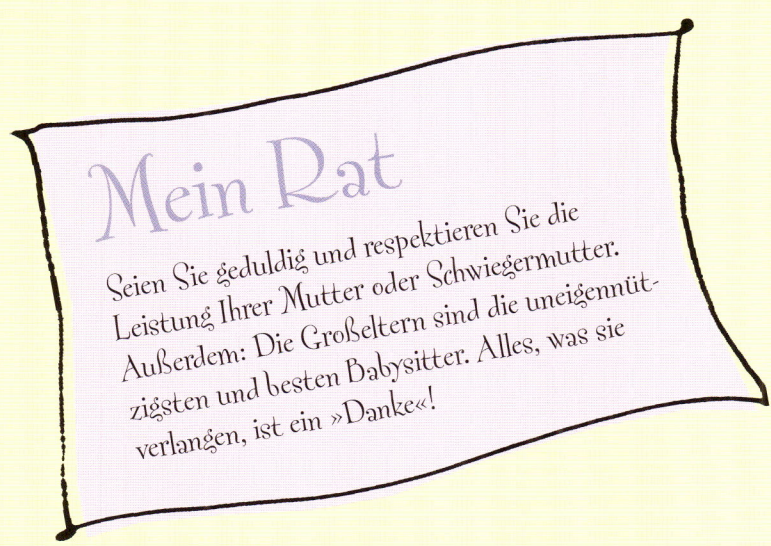

Mein Rat

Seien Sie geduldig und respektieren Sie die Leistung Ihrer Mutter oder Schwiegermutter. Außerdem: Die Großeltern sind die uneigennützigsten und besten Babysitter. Alles, was sie verlangen, ist ein »Danke«!

in solchen Situationen leicht zu Konflikten zwischen den Generationen kommen. Ich selbst beispielsweise fühlte mich kritisiert und in meiner neuen Rolle als Mutter nicht für voll genommen – schließlich war das doch nun mein Baby! Gleichzeitig fühlte ich mich unsicher in meiner neuen Rolle, denn eigene Erfahrungen mit kleinen Kindern hatte ich in meiner eigenen Jugend nicht gemacht, die Großfamilie war zu dieser Zeit schon lange passé. Und ich wollte doch so gern alles richtig machen.

So schwer es vielleicht fällt: Bedanken Sie sich für die Ratschläge! Erklären Sie aber auch freundlich, dass sich in den letzten Jahren viel geändert hat und dass Sie sich an die Empfehlungen von Arzt und Hebamme halten möchten. Sagen Sie aber auch, dass Sie, wenn Fragen auftauchen sollten, gern den Rat der Großeltern einholen werden. Versuchen Sie doch einmal, sich in Ihre Mutter oder Schwiegermutter hineinzuversetzen. Und vor allem: Vermitteln Sie nicht das Gefühl, dass die Großeltern bei der eigenen Kindererziehung alles falsch gemacht hat.

Planen für die Zukunft

Ganz klassisch bekommt man zur Geburt Babykleidung. Dieses Geschenk hat jedoch den Haken, dass die Klamotten oft nicht zur richtigen Jahreszeit passen, schön, aber unpraktisch sind oder man selbst schon im Vorfeld Babykleidung gekauft hat.

Als kluge Mama kann man in einem Spielzeug- oder Babygeschäft eine Wunschliste hinterlegen. Auch im Internet (z. B. bei Amazon oder Jako) lassen sich Listen einstellen. Für häufige Besucher können Sie eine Geschenkliste an die Tür im Kinderzimmer hängen. Sie können beispielsweise die frischgebackene Oma auch einfach mit zum Einkaufsbummel nehmen (oder den Papa mit seiner Mutter losziehen lassen). Zeigen Sie ihr doch, was Ihnen gefällt und was nicht. Oft ist es schon hilfreich, wenn sie weiß, wo Sie bevorzugt einkaufen.

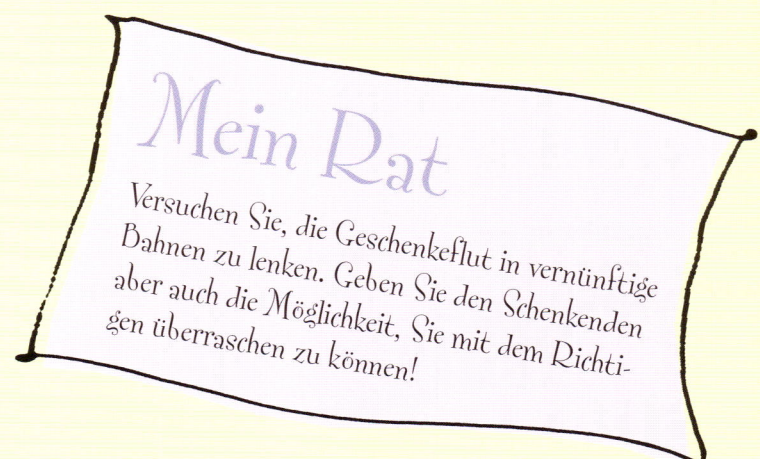

Mein Rat

Versuchen Sie, die Geschenkeflut in vernünftige Bahnen zu lenken. Geben Sie den Schenkenden aber auch die Möglichkeit, Sie mit dem Richtigen überraschen zu können!

Kleine Aufmerksamkeiten für die Mama

Leider ist es in unserem Kulturkreis noch relativ unüblich, allein der Mutter etwas zur Geburt zu schenken (obwohl sie ja die »Hauptarbeit« bei der Geburt hatte). Schade, denn für das Baby ist oft schon alles vorbereitet, sodass die Geschenke dann doppelt oder schlimmstenfalls sogar dreifach vorhanden sind. Aus meiner eigenen Erfahrung kann ich sagen, dass ich mich über etwas Persönliches für mich sehr gefreut habe. Lustigerweise kamen diese Geschenke meist von jungen Müttern.

Was bestimmt immer gut ankommt:

- Leckeres Essen, das eingefroren werden kann,
- Gutscheine für den Pizzaservice um die Ecke,
- Rückenmassagen- oder Wellness-Gutscheine (auch ein Babygewicht geht auf den Rücken),
- Pediküre für die Mamas, die sich nach Damm- oder Kaiserschnitt mit dem Bücken schwertun,
- Pflegeprodukte (z. B. Bauch- oder Brustöl) für die angespannte Haut der Mama,
- Babysitting-Gutscheine,
- ein schönes Buch,
- Rückbildungsgymnastik oder Rückbildungsyoga auf DVD,
- Zeitschriftenabonnement für eine der diversen Elternzeitschriften.

Mein Rat

Auch Mütter dürfen Wünsche haben – und diese auch äußern!

23

Immer gut informiert und up to date

Mit allen Bekannten, Freunden und Verwandten in Kontakt zu bleiben ist eine der größten Schwierigkeiten im ersten Jahr mit Kind. Ich konnte nicht mehr selbst bestimmen, wann und wie lange ich mit jemandem telefonieren wollte, und so musste ich andere Wege finden, um meiner Umwelt zu zeigen, dass sie mir wichtig ist und ich diese Kontakte nicht verlieren möchte.

Ein Weg aus dem Dilemma war der »Großelternticker«. Gemeint ist damit eine Sammel-E-Mail an Großeltern und ein paar Freunde. In unregelmäßigen Abständen verfasste ich eine

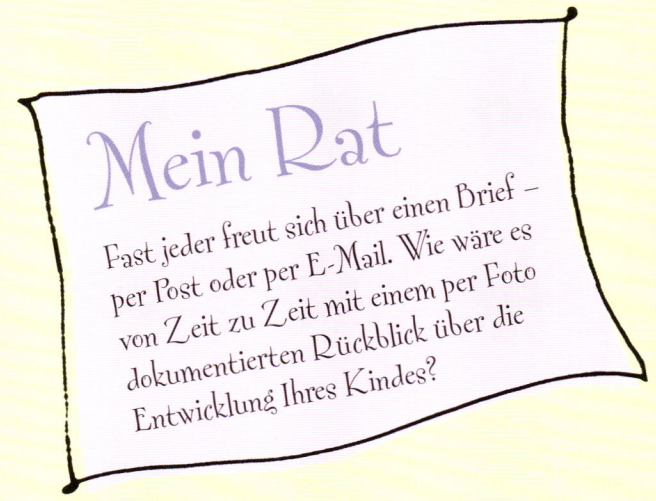

Mein Rat

Fast jeder freut sich über einen Brief – per Post oder per E-Mail. Wie wäre es von Zeit zu Zeit mit einem per Foto dokumentierten Rückblick über die Entwicklung Ihres Kindes?

Mail mit den neuesten Informationen über meinen kleinen
Racker. Viel musste ich gar nicht schreiben, denn was die
Leser am liebsten wollten, waren Fotos, Fotos und
noch einmal Fotos.

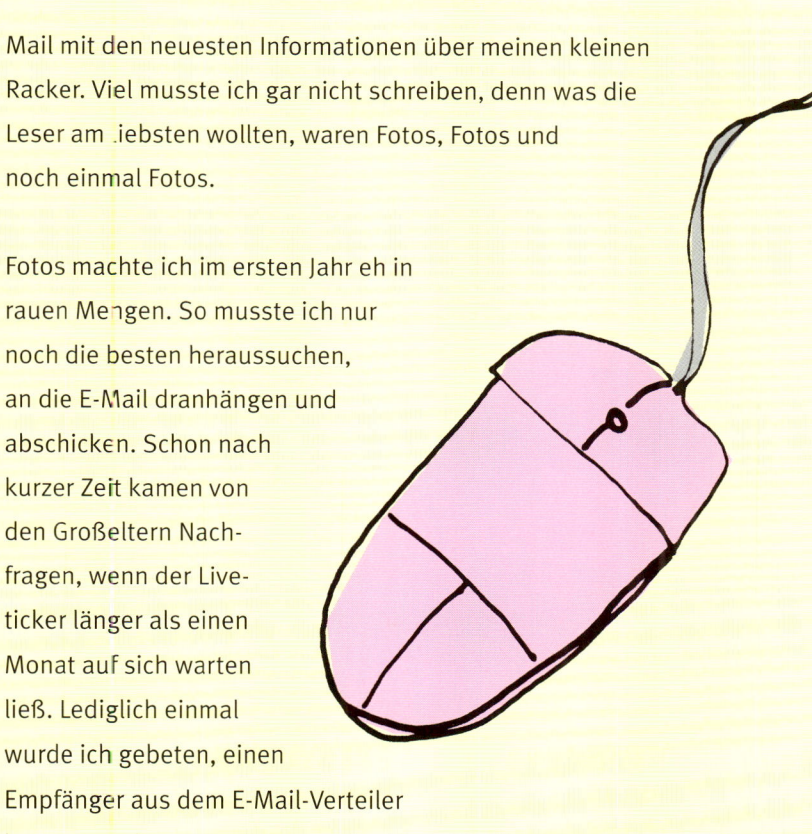

Fotos machte ich im ersten Jahr eh in
rauen Mengen. So musste ich nur
noch die besten heraussuchen,
an die E-Mail dranhängen und
abschicken. Schon nach
kurzer Zeit kamen von
den Großeltern Nach-
fragen, wenn der Live-
ticker länger als einen
Monat auf sich warten
ließ. Lediglich einmal
wurde ich gebeten, einen
Empfänger aus dem E-Mail-Verteiler
herauszunehmen, weil dessen Postfach für die Datenmengen einfach
zu klein war.

Für die nicht per Computer Erreichbaren hatte ich die Alternative »Fan-
club« geschaffen: Die für die E-Mail ausgesuchten Fotos ließ ich abzie-
hen und verschickte sie per Post, auf den Umschlag kam vielleicht ein
farbiger Abdruck von einer Kinderhand oder einem Kinderfuß. Auf diese
Weise habe ich es mir erspart, viele Zeilen zu schreiben (wozu ich sowieso keine Zeit gehabt hätte), und konnte dennoch alle meine Lieben
informieren und an unserem Leben teilhaben lassen.

Was?!? Ist der Tag schon vorbei?

Mit Baby vergehen die meisten Tage im Schnellflug. Oft saß ich abends erschöpft auf dem Sofa, wenn der Racker endlich schlief, und fragte mich, was ich heute gemacht habe: Der Wäschekorb quoll über, die Bügelwäsche war schon wieder staubig, die Küche nur noch in Ansätzen als solche erkennbar und auch der Kühlschrank leer. Was ich tagsüber getan hatte? Ich hatte das Kind den Tag über auf dem Arm, war mit dem Kinderwagen spazieren – natürlich nur im Grünen, damit das Kind nicht aufwacht. Und nun fühlte ich mich total gerädert, und der Haushalt wartete darauf, in Ordnung gebracht zu werden. Wie sollte ich das nur hinbekommen?

Mein Rat

Manchmal lässt sich ein Tag nur mit Hilfe überstehen – nehmen Sie sie deshalb an, wenn sie angeboten wird.

Zum einen half die Erkenntnis: Ich war nicht allein, so ging es auch vielen anderen Müttern. Deshalb habe ich meine Vorstellungen von einem gut funktionierenden Haushalt erst einmal begraben und andere Prioritäten gesetzt: Wer hatte schon was davon, wenn der Küchenboden blitzeblank, ich aber total genervt und durch den Wind war. Zum anderen half nur eins – ich musste über den eigenen Schatten springen und angebotene Hilfe auch annehmen. Hilfe gibt es von verschiedenen Seiten: Familie, Freunde, aber auch einige Kirchen und soziale Einrichtungen bieten spezielle Hilfen für junge Familien an. Und auch der Partner muss angesichts der neuen Situation mit einbezogen werden!

Schlafen, wenn das Baby schläft

Es schaut aus wie bei Hempels unterm Sofa. Mit Baby auf dem Arm kann man nicht aufräumen, geschweige denn putzen. So gibt es immer genügend zu tun, wenn das Kind nach Herumtragen, Wiegen und Kuscheln endlich eingeschlafen ist. Abwaschen, Wäsche waschen, Boden wischen, Bad putzen, die Liste ließe sich endlos ergänzen. Meine persönliche Meinung: Putzen kann man noch genügend, wenn der Nachwuchs groß und aus dem Haus ist. Schlaf nachholen lässt sich dann nicht mehr. Hier hilft nur eines: Sobald der kleine Treibauf schläft – Babyfon an und ebenfalls Füße hochlegen, Entspannungsmusik hören, ein Buch lesen oder am besten gleich die Augen schließen.

Mein Rat

Ruhen Sie sich aus, sobald das Baby schläft, egal zu welcher Uhrzeit.

27

Baby macht mobil

Einfach den Autoschlüssel und die Handtasche schnappen und ab zum Einkaufen oder zum Treff mit Freunden – das geht jetzt nicht mehr. Diese Erkenntnis kam mir schon nach der ersten Woche. Hetzen und auf Hektik machen bringt sowieso nichts. Davon werden sowohl Sie als auch Ihr Baby nervös. Akzeptieren Sie einfach, dass Ihr Leben sich erst einmal verlangsamt hat. Ihr Kind hat keine Ahnung davon, dass Sie in einer Viertelstunde einen Arzttermin haben und es deshalb tunlichst nicht in die Windel machen sollte. Wenn es Hunger hat, dann hat es Hunger – auch wenn Ihr Partner schon abfahrbereit neben der Haustür steht oder die Schwiegereltern/Eltern auf Sie mit dem Mittagessen warten. Da hilft nur eines: Zeitpuffer schaffen, das heißt rechtzeitig den Aufbruch planen bzw. sich nicht mehr auf feste Termine einlassen, sondern lieber einen zeitlichen Rahmen angeben.

Der erste fahrbare Untersatz

Der Kinderwagen ist das erste Gefährt eines Babys. Im Verhältnis zu seiner Größe ist er genauso teuer wie ein Auto, eine Wartezeit von bis zu zehn Wochen keine Seltenheit.

Im Geschäft demonstriert ein Fachverkäufer im Handumdrehen, wie man so ein Hightech-Produkt auseinander- und wieder zusammenklappt. Blitzschnell geht das, ein Griff, schon fertig. Beeindruckt geht man nach einer solchen Demonstration zur Kasse, legt wortlos die Kreditkarte hin und wandert mit dem Wunder der Technik nach Hause. Spätestens vor dem ersten Einsatz kommt das böse Erwachen: Wie war das noch mal? Welcher Hebel war das? In welche Richtung muss geklappt werden? ... Selbst angeblich technikversierte Väter kratzen sich ratlos am Kopf – außerdem sind die meistens sowieso nicht greifbar, wenn Sie das erste Mal spazieren gehen wollen und ein Problem mit dem neuen fahrbaren Untersatz haben. Die hektische Suche nach der Bedienungsanleitung fängt an ...

Mein Tipp

Nicht überfahren lassen – auch wenn's um den Kinderwagen geht. Lassen Sie sich im Geschäft alles in Ruhe erklären. Und versuchen Sie's auch selbst!

29

»Hardware« rund um den Kinderwagen

Selbst wenn der Kinderwagen mit Sonnenschirm oder Sonnensegel (in windigen Gegenden von Vorteil) ausgestattet ist, habe ich die persönliche Erfahrung gemacht, dass die folgenden weiteren Dinge stets bei der Ausfahrt mit dabei sein sollten.

- Gut ist ein Tuch (ideal Molton oder Windeltuch) für weiteren Sonnen-, Wind- oder schlimmstenfalls auch Kälteschutz.
  Dann muss man nicht jedes Mal den Schirm verdrehen und damit das Baby irritieren. Und muss nicht bei jedem Wetterumschwung sofort den Heimweg antreten.
- Ebenso wie unter dem Bettlaken hat sich auch in der Kinderwagenbabywanne ein Nässeschutz bewährt.
- Eine Luftpumpe und eventuell Flickzeug.
- Erste-Hilfe-Set mit altersgerechten Medikamenten (Pflaster, Insektenstiche, Desinfektionsmittel).
- Zwei Stück altersgerechtes Spielzeug.
- Regenjacke für die Mutter, denn ein Kinderwagen lässt sich mit Regenschirm in der Hand schwer schieben.

- Ich habe im Sommer immer ein Insektennetz dabei: Das weiße Netz hält nicht nur lästige Viecher ab, sondern spendet auch etwas Schatten.
- Einen zusätzlichen Schnuller, sauber verpackt. Meist fällt der, der sich gerade im Gebrauch befindet, in den Dreck, wenn man am weitesten von zu Hause entfernt ist.
- Ausreichend trinken ist wichtig für Stillende, Nichtstillende, Gewicht-verlieren-Wollende, Gewicht-Stabilisierende. Wer schon einmal versucht hat, den Kinderwagen mit einer Hand über einen Bordstein zu schieben und mit der anderen Hand einen Getränkebecher zu balancieren, wird festgestellt haben, dass dies gar nicht so einfach ist. Man kann mit einer Hand einfach nicht so gut zugreifen wie mit zweien. Ein Becherhalter am Wagen ersetzt die fehlende dritte Hand. Später lassen sich in diesen auch die Trinkflaschen des kleinen Rackers wunderbar griffbereit abstellen.

- Für etwas größere hungrige Kinder hat sich bei mir eine Snacktasse bewährt: Auf der Tasse befindet sich ein geschlitzter Deckel. Hineingreifen ist ohne Weiteres möglich, an einem Herausfallen werden die Kekse oder Reiswaffeln durch den gut befestigten Deckel aber gehindert.

Tausche Hand- gegen Wickeltasche

Noch ein kurzes Wort zur Wickeltasche. Neben Essen und Trinken für das Baby (und mindestens einem Müsliriegel für Sie selbst) sowie Wickelzubehör waren für mich folgende Utensilien sehr hilfreich:

- Sonnencreme für mich und mein Baby.
- Eine Strumpfhose für das Kind, falls mal was daneben geht. Daran trägt man nicht schwer – und unverhofft kommt oft.
- Ein Notmüsliriegel für die Mutter gegen Unterzuckerung.
- In Klarsichtfolie lässt sich ein benutzter Schnuller wunderbar bis zum nächsten Gebrauch verwahren. Eine Plastiküte für Sammlerstücke aller Art kann bei älteren Kindern hilfreich sein. Solche Behältnisse sind auch hilfreich, um das ein oder andere Geschenk des Kindes loszuwerden, insbesondere wenn es riecht (z. B. volle Windel).

Plattfuß …

Luftgefüllte Reifen am Kinderwagen sind prima: Gerade aktive Mütter, die gern im Wald und »offroad« spazieren gehen oder die in Begleitung eines Vierbeiners unterwegs sind, werden damit viel geländegängiger. Außerdem ist die Federung besser als bei Vollgummireifen, weil das Baby bei holperigem Untergrund nicht so stark durchgeschüttelt wird. Allerdings können Pneus (luftgefüllte Reifen) auch einen Platten haben, und dann steht man mitten in der Pampa und weiß nicht, wie man heim- kommen soll. Den Wagen mit dem platten Reifen »mit Inhalt« halb zu tragen ist gerade bei dreirädrigen Joggern ein Krafttraining, das dem Beckenboden nicht zwingend zugemutet werden sollte.

Mein Tipp

Eine kleine Luftpumpe sollten Sie immer dabei- haben. Dann können Sie wenigstens bis dahin weiterschieben, wo Sie jemanden um Hilfe bitten können (Tankstelle, Fahrradgeschäft).

Kinderwagen-Klau

Man sollte es nicht meinen, aber die Diebstahlsrate bei Kinderwagen ist nicht unerheblich. Je benutzerfreundlicher und je hochwertiger, desto leichter erweckt der Kinderwagen Begehrlichkeiten. Dank anonymer Verkaufsmöglichkeiten übers Internet boomt das Geschäft mit Secondhand-Vehikeln: Gerade deshalb sollte man an der Sicherung des Gefährts nicht sparen.

Wenn der Wagen doch abhandengekommen ist, sollten Sie den Diebstahl bei der Polizei anzeigen, denn der Kinderwagen ist meist Bestandteil der Hausratversicherung. Dabei sollte man im Fall des Falles auch den Kaufbeleg und alle Marken-Belege vorlegen können. Um von der Versicherung entschädigt zu werden, sind auch Rahmen- oder Identifikationsnummer von Vorteil.

Mein Tipp

Mit einem guten Fahrradschloss lässt sich der Kinderwagen beispielsweise am Fahrradständer oder am Treppengeländer festmachen. Auf keinen Fall sollte das Lieblingskuscheltier im Wagen bleiben – dieser Verlust trifft Babys mehr als der gestohlene Kinderwagen.

Endlich mal wieder ein Buch lesen

Aber wann? Wer schon einmal versucht hat, im Gehen, mit Kind auf dem Arm, ein Buch zu lesen, hat das bald wieder aufgegeben.

Sofern noch etwas Platz im Kinderwagen oder in der Wickeltasche ist, lohnt es sich, ein Buch oder eine Zeitschrift dort zu deponieren. Dann ist man immer gerüstet, wenn man beim Kinderarzt einmal warten muss und nicht die zerfledderten Praxisexemplare, die man sowieso schon lange kennt, noch einmal durchackern möchte.

Mein Rat

Schläft das Kind während des Spaziergangs im Kinderwagen ein, gönne ich mir eine Lesepause auf der Parkbank. Wenn's kalt wird, Unterlage nicht vergessen! Mit Blasenentzündungen ist nicht zu spaßen.

Gerade in der ersten Hälfte des ersten Lebensjahres schlafen Kinder außerdem gerne bei der Schaukelbewegung des Kinderwagens ein. Wenn sie sanft entschlummert sind, muss man diese Gelegenheit beim Schopf packen, sich schnell auf eine Parkbank setzen und den Lesestoff herausholen. Bremse anziehen am Kinderwagen nicht vergessen, ggf. Insektenschutz am Kinderwagen anbringen und am besten immer eine Hand am Lenker und ein wenig schaukeln. So kann der kleine Racker seinen Schlaf genießen und die Mutter auch mal wieder ein Buch lesen.

Mit dem Baby vor dem Bauch

Auf die erste Ausfahrt mit dem Kinderwagen hatte ich mich so richtig gefreut: Meine Freundin Dagmar war zu diesem Großereignis extra angereist, wir wollten mal wieder richtig gemütlich einen Ratsch halten und nachholen, was in der Schwangerschaft einfach zu kurz gekommen war. Mein Baby war dann allerdings weniger angetan von dem neuen Gefährt: Es schrie uns eigentlich während des ganzen Spaziergangs die Ohren voll. Wir trösteten uns mit: »Das ist gleich vorbei!« und »Von der Schaukelei wird sie gleich einschlafen«. Nichts dergleichen. Dagmar schob schließlich den Kinderwagen heim, ich trug mein Baby im Arm hinterher. Dasselbe in Grün wiederholte sich dann in den nächsten Tagen.

Meine Tochter hielt nichts vom Kinderwagen, damit musste ich mich abfinden. Abhilfe brachte schließlich ein Tragetuch, das mir von meiner

Mein Tipp

Es gibt durchaus praktische Alternativen zum Kinderwagen! Ein Tragetuch fördert die Bindung zwischen Baby und Eltern, gerade »männliche Fans« gibt es inzwischen reichlich!

Hebamme empfohlen wurde. Ich weiß bis heute nicht, woran es lag: Auf jeden Fall konnte mein Baby mich auf diese Weise riechen und spüren – und war einfach zufrieden. Und ich war's auch, besonders nachdem mir mein Arzt bestätigt hatte, dass sich bei der passenden Tragweise keine negativen Folgen für das Baby einstellen würden. Im Gegenteil, er meinte, dass so ein Tuch für die Entwicklung des Hüftgelenks sogar sehr gut wäre und man das Baby problemlos ab der ersten Woche so transportieren könnte. Auch als der kleine Racker älter wurde und sich an den Kinderwagen gewöhnt hatte, kam doch immer wieder das Tragetuch zum Einsatz. Gerade bei Krankheiten, Zahnungsbe-

schwerden oder Koliken fühlte das Baby sich dort einfach geborgen. Mich selbst hat diese Trageform nicht beeinträchtigt: Ganz dicht an den Körper gebunden fiel mir das Gewicht meines Babys gar nicht auf.

Ob im Gedränge in der Fußgängerzone, ob querfeldein mit dem Hund oder beim Anstehen für eine Tüte Eis: Das Baby war immer dabei, und zwar im Tragetuch. Selbst der Papa war ganz begeistert: Das wäre jetzt »eine Art zweite Schwangerschaft, an der er auch teilnehmen könne«, meinte er. Dass viele Leute ganz erstaunt guckten, wenn er die Jacke aufmachte und darunter das Babyköpfchen zum Vorschein kam, hat ihn immer wieder gefreut.

Im Auto unterwegs

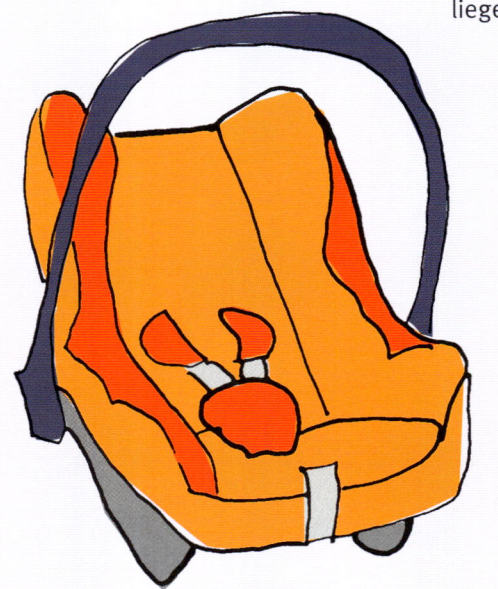

Autofahrten mit Kind sind für Eltern und Kind anstrengend. Spätestens nach zwei Stunden Fahrt braucht ein Babyrücken eine lange Pause von der Babyschale. Diese zwei Stunden sind für alle Beteiligten am einfachsten, wenn sie in der Schlafzeit des kleinen Rackers liegen und er einfach friedlich vor sich hin schläft. Für wache Kinder lohnt es sich, zwei Lieblings- spielzeuge an einer Schnur zu befestigen, damit sie nicht andauernd verloren gehen. Die Schnur darf nur so lang sein, dass sie sich das Kind nicht um den Hals wickeln kann. Hierfür eignen sich auch gut zweckentfremdete Schnullerketten, an denen man Spielzeug befestigt. Dennoch lohnt es sich, in Griffnähe noch ein bis zwei weitere Spielzeuge zu haben und – für den Fall, dass das Kind noch schnullert – ausreichend Schnuller.

Mein Rat

Autofahrten nur im passenden Kindersitz und nicht auf Mamas Schoß! Möglichst in die Schlafenszeit des Kindes legen!

Wir fahren mit der Eisenbahn

Wer sich vor langen Autofahrten scheut, sollte Alternativen suchen: Sehr angenehm ist die Fahrt im Mutter-Kind-Abteil der Fernzüge und des ICE. Hier gibt es neben Platz für Kinderwagen auch Raum zum Krabbeln für die Kleinen. Besonderer Clou: Gleich nebenan befinden sich Toiletten mit Wickeltisch. Mutter-Kind-Bereiche gibt es auch in anderen Zügen, allerdings sind diese meist ganz normale für Eltern und Kinder frei gehaltene Abteile. Aber auch hier können die Kinder auf den Sitzen oder dem Fußboden spielen und man läuft nicht Gefahr, anderen Reisenden auf den Wecker zu gehen. Ähnliche Angebote gibt es im Übrigen auch bei der Schweizer und der Österreichischen Bundesbahn!

Mein Rat

Da das Angebot an Familienabteilen nicht sehr groß ist, sollte möglichst frühzeitig gebucht werden. Spielzeug und Bücher sollten Sie aber auf jeden Fall dabeihaben.

Mit öffentlichen Verkehrsmitteln unterwegs

Gar nicht so einfach, sich mit Kind und Kinderwagen in öffentlichen Verkehrsmitteln zu bewegen. Kurz nach der Geburt sind Treppen ein Albtraum, weil man nicht schwer heben soll, und im Laufe der Zeit sind sie ein Albtraum, da das Kind und was man so mitnimmt immer schwerer wird. Selbst wenn die Muckis nicht das Problem sind: Manche Kinderwagen lassen sich auch gar nicht von nur einer Person tragen. Und immer auf eine helfende Hand zu warten oder jemanden zu fragen ist auf die Dauer nervend. Barrierefreie Zugänge, ohne Treppen oder mit Aufzügen, sind in Großstädten auf den Plänen der öffentlichen Verkehrsmittel verzeichnet. Man erkennt sie am Rollstuhl-Piktogramm.

Mein Tipp

Das Rollstuhl-Piktogramm gibt Auskunft darüber, welche Wege barrierefrei zugänglich sind. Es lohnt sich, entsprechende Broschüren Ihrer Heimatstadt anzufordern.

Der erste Urlaub

... der ist jetzt erst einmal in weiter Ferne, werden Sie sich denken. Aber vielleicht denken Sie da einfach falsch. Meiner eigenen kleinen Familie hat es sehr gutgetan, als wir unser drei Monate altes Baby eingepackt und in den Urlaub gefahren sind.

Mein Rat

Ein Urlaub außerhalb der Ferienzeit tut – die richtige Unterkunft vorausgesetzt – allen Beteiligten gut.

Gut, weit gekommen sind wir nicht. Aber einfach raus aus den eigenen vier Wänden, das war schon ein Erlebnis. Natürlich war der Urlaub anders als früher: Wir hatten ein Familienhotel gebucht, statt Mittelmeer war es ein kleiner gemütlicher See. Aber wir hatten endlich mal wieder ganz viel Zeit für uns, konnten wieder erleben, dass es außer »Mutter- und Vatersein« auch noch etwas anderes gibt. Enorm war allerdings der Gepäckbedarf unseres kleinen Engels: Ein kleiner Koffer für die Großen, ein Anhänger für den Kleinsten, so lässt sich das Gepäckaufkommen in etwa beschreiben.

Wenn Engel fliegen ...

Wer mit Baby fliegt, muss in der Regel für ein Kind bis zum Erreichen des zweiten Lebensjahrs nichts für die Beförderung bezahlen. Allerdings hat das Kleine auch keinen Anspruch auf einen eigenen Sitzplatz. Es kann manchmal ganz schön eng werden, wenn sich vier Personen in einer Dreierreihe zusammenquetschen müssen. Da muss man auf das Verständnis seiner Mitmenschen bauen.

Die meisten Fluggesellschaften versuchen bereits bei der Platzvergabe, auf Babys und Kleinkinder Rücksicht zu nehmen und den Platz neben einem »Schoßkind« nicht zu besetzen. Am besten, man spricht den Steward oder die Stewardess gleich beim Einsteigen in das Flugzeug auf das Problem an.

Fast alle Fluggesellschaften bieten für Säuglinge ein Reisebett an, das in die Kabinenwand vor dem Sitz eingehängt wird. Die Zahl dieser Plätze ist sehr begrenzt, es lohnt daher, bei Bedarf rechtzeitig zu reservieren. Einziger Nachteil ist, dass aufgrund der Wand Handgepäck unter dem Vordersitz nicht abgestellt werden kann.

Was sonst noch das Leben leichter macht:
- Wenn Sie in Flugplatznähe wohnen, sollten Sie möglichst schon am Vorabend einchecken. Dann bestehen die besten Chancen auf einen kinderfreundlichen Platz und Sie können die Reise ganz entspannt antreten. Besonders sperrige Buggys können ebenfalls vorher abgegeben werden.

- Flaschen mit Flüssigkeiten müssen bei der Sicherheitskontrolle abgegeben werden, deshalb sollten Sie im Wartebereich immer Wasser kaufen, damit Sie notfalls Ihr Baby versorgen können. Auch bei den kleinen Coffeeshops im Duty-free-Bereich kann man nach heißem Wasser fragen. An Bord gibt's zwar wieder kostenlos Wasser – aber das kann dauern ...

- Achtung bei Turbulenzen während des Flugs! In diesem Fall sollten Sie das Kind auf den Schoß nehmen und gut festhalten, Anschnallgurte für die Winzlinge gibt es noch nicht bzw. sie könnten Gesundheitsschäden verursachen.

- Nicht nur Mütter sollten aufgrund der Thrombosegefahr während eines Fluges viel trinken. Auch Kinder können Start und Landung viel besser aushalten, wenn sie dabei trinken und der Druckausgleich in den Ohren durch das Schlucken ganz automatisch erfolgt. Ob das Stillkind dabei an die Brust angelegt wird oder das Kind eine Wasser- oder Milchflasche bekommt, richtet sich ganz allein nach dem Alter des Kindes.

- Da auch das tollste Spielzeug und das spannendste Buch nach einiger Zeit langweilig werden, sollten Sie die Flugzeit möglichst kurz halten. Schließlich haben Sie sich einen schönen und stressfreien Urlaub verdient. Und der fängt ja bereits mit der Anreise an.

Hallo? Ist da jemand?

Mit der Geburt des Babys wurde mein Leben komplett umgekrempelt. Natürlich genoss ich die neue Art von Zweisamkeit und das gegenseitige Kennenlernen. Auf der anderen Seite spürte ich nach kurzer Zeit auch eine gewisse innere Leere in mir. Vorher war ich im Beruf erfolgreich und hatte dort auch viele soziale Kontakte. Jetzt saß ich daheim und war mit Baby und Haushalt beschäftigt.

Meine Freunde und Bekannten waren ebenso wie mein Partner tagsüber natürlich aus beruflichen Gründen wenig ansprechbar und wollten abends auch nicht immer das Neueste von meinem Goldschatz hören.

Mit einem Satz: Mir wurde langsam, aber sicher langweilig. Es war an der Zeit, alte Kontakte wieder aufzunehmen und neue Leute, die sich in der gleichen Situation wie ich befanden, kennenzulernen.

Freundschaften pflegen

Jede Freundschaft (sonst hat sie diese Bezeichnung nicht verdient) verkraftet die anfängliche Babybegeisterung. Wenn Mama allerdings nur noch von Kinderlebnissen erzählt, cann fühlen sich die Zuhörer doch etwas genervt. Und da macht es keinen Unterschied, ob die beste Freundin selbst Mutter ist oder nicht. Freundschaften bedürfen mehr als eines Dauer-gesprächs über Babys, auch wenn dies Ihr neuer Lebensmittelpunkt ist und es aus Ihrer Sicht auch gar nicht so viele andere Themen gibt. Ich gebe zu, ich habe mir am Anfang manchmal Spickzettel geschrieben. Ich fing an, immer ein Notizbuch bei mir zu tragen, und notierte mir auch die »Nicht-Baby-Themen«, über die ich mit jemandem sprechen wollte.

Mein Rat

Spätestens nach sechs Wochen sollte es auch wieder ein anderes Gesprächsthema als nur Kind von Ihrer Seite geben.

Neue Rolle für den Partner

Auch Ihr Partner muss sich in seine neue Vaterrolle erst hineinfinden. Wahrscheinlich hat auch ihn die Geburt tief berührt, allerdings muss er meist nach einigen Tage Urlaub wieder seinem gewohnten Beruf nachgehen. Das innige Band, das zwischen Ihnen und Ihrem Baby entsteht, stellt viele Väter vor die Frage, ob das Baby ihn überhaupt braucht. Gerade wenn Sie stillen, kommt er sich vielleicht ziemlich überflüssig vor.

Denn wenn das Baby schreit, dann hat es meistens Hunger – und dafür sind in dieser frühen Phase dann einfach Sie oder besser gesagt Ihr Busen zuständig. Wenn er Ihnen Hilfe anbietet – und die werden Sie brauchen! –, dann speisen Sie ihn bitte nicht nur mit »Haushaltspflichten« ab. Geben Sie dem Vater die Gelegenheit, selbst eine Bindung zu Ihrem gemeinsamen Kind aufzubauen. Besonders nach den Mahlzeiten ist eine gute Gelegenheit dazu, dann ist das Baby satt und zufrieden und schenkt ihm seine ungeteilte Aufmerksamkeit. Überlassen Sie das Kind dann einfach ihm, eine »Kontrollmama« ist überflüssig.

Mein Rat

Elternschaft ist etwas, was jeder lernen kann – man muss dem anderen nur die Gelegenheit dazu geben und ihn nicht unnötig kritisieren.

Endlich wieder mal gemeinsam ins Kino

Das letzte Mal gemeinsam im Kino – ist schon eine Weile her, oder? Schon während der Schwangerschaft war es ja nicht immer einfach, einen Kinofilm ohne Unterbrechung anzusehen. Entweder die Blase drückte oder das Strampeln war kaum auszuhalten.

Auch der Beziehung würde es bestimmt guttun, sich mal wieder über etwas anderes als die Anzahl der heute benötigten Windeln zu unterhalten. Wenn da nur nicht wieder die anstrengende Suche nach einem geeigneten Babysitter wäre. Und selbst wenn man einen Babysitter gefunden hat, kostet er das Dreifache der Kinotickets. Bleibt wohl nur, sich den Film getrennt voneinander anzusehen. Der eine geht mit Freunden am Freitagabend, der andere am Sonnabend. So können Sie anschließend wenigstens über den Film sprechen und diskutieren. Und trösten sich vielleicht mit dem Gedanken, dass das Kind während des Ausgehens in guten Händen war.

Mein Rat

Ausgehen einmal anders: Getrennt ins Kino, aber denselben Film ansehen. Und danach die männliche und weibliche Sicht der Dinge diskutieren …

47

Da fehlt doch was ...

Zum ersten Mal seit Langem wieder zu zweit unterwegs. Manchmal schweift vielleicht der Blick im Lokal nach dem Kinderwagen, ob er auch noch da steht. Und dann dieser Moment der Panik: Der Kinderwagen ist weg. Klar, muss ja so sein bei einem Abend zu zweit. Der kleine Racker ist nämlich sicher zu Hause und wird gerade von einem Babysitter oder den Großeltern versorgt, während man endlich mal wieder »frei hat«.

Am Anfang mag es sich sehr ungewohnt anfühlen, wieder ohne Kind und ohne Kinderwagen auszugehen. Wenn dies der Fall ist, hilft nur eines: darüber zu sprechen.

Unter Menschen

Auch Mütter haben Hunger – und müssen diesen auch stillen können.
Solange ein Kind noch keine feste Schlafzeit hat, kann man Kind und
Kinderwagen gut mit in ein Restaurant nehmen. Rauchfreiheit und gerin-
ger Lärmpegel sorgen für eine entspanntere Atmosphäre beim Kind.

Den ein oder anderen schiefen Blick wird es leider geben. Man bekommt
aber nicht so viele ab, wenn man vor der Stoßzeit im Restaurant eintrifft.
Bei einer vorherigen Reservierung mit der Ankündigung, dass man einen
Kinderwagen mitbringt oder einen Hochstuhl benötigt, erfährt man
vorab, ob das Restaurant kinderfreundlich ist oder nicht. Und kann dann
die Konsequenzen ziehen ...

Mein Tipp

In den meisten Restaurants kann man
problemlos den Kinderwagen an den Tisch
stellen. Allerdings sollte man schon bei
der Reservierung Bescheid sagen, dass
man einen mitbringt.

Stillen in der Öffentlichkeit

Einer der vielen Gründe des Stillens ist, dass Muttermilch quasi immer sofort verfügbar ist. Hört sich so lange super an, bis man das erste Mal im Supermarkt mit einem vor Hunger brüllenden Kind konfrontiert ist. Was nun. Klar, man könnte sich auf den Einkaufswagen aufstützen, T-Shirt hoch und ... Ist ja alles nur natürlich. Schon – aber meine Welt ist es nicht.

Grundsätzlich will ich mir das Aus-dem-Haus-Gehen aber nicht vermiesen lassen. Und schließlich kann das Stillen auch so diskret vor sich gehen, dass die Umwelt nicht viel davon mitbekommt. Auch dem Baby ist es lieber, wenn es zwar in der Öffentlichkeit, aber doch in einem ruhigen und relativ friedlichen Bereich, wo die Menschen nicht dicht gedrängt aneinandersitzen, seine Bedürfnisse befriedigen kann.

Inzwischen gibt es übrigens einige ganz pfiffig gemachte Still-Shirts. Hier kann man das Kind anlegen, ohne halb nackt dazustehen oder sich die Spuckwindel alle 30 Sekunden zurechtzupfen zu müssen. Wem diese nicht gefallen oder nicht diskret genug sind, kann sich auch nach Still-umhängen umsehen. Die sind im etwas »zugeknöpfteren« Nordamerika der Renner, in Europa nicht so sehr. Der Markt bietet auf jeden Fall ein umfassendes Angebot, das über das Internet leicht erhältlich ist.

Mein Tipp

Schon für wenig Geld gibt es stillfreundliche Kleidung.

50

Wie vertragen sich Alkohol und Stillen?

Hier gibt es nur eine Antwort: gar nicht. Allerdings möchten viele Mütter nach der Geburt ihres Kindes mit Freunden oder abends beim Ausgehen schon mal mit einem Glas Sekt anstoßen.

Wer stillt und sein Kind trotz Alkoholgenusses nicht schädigen möchte, muss ein paar Vorbereitungen treffen. Da hilft nur eines: Stillen Sie Ihr Baby das letzte Mal für den Tag, bevor Sie sich ein Glas Sekt oder Bier gönnen. Wenn Sie vorher Milch abgepumpt haben, können Sie damit eine oder zwei Mahlzeiten überbrücken. Es dauert etwa vier Stunden, bis eine 60 Kilogramm schwere Frau nach einem Glas Bier wieder ganz nüchtern ist – vorher sollte nicht gestillt bzw. die Milch abgepumpt und weggeschüttet werden.

Mein Rat

Einem Mädelabend mit Tanzengehen und einem Glas Alkohol steht nichts entgegen – allerdings müssen Sie ein wenig vorplanen.

Gott sei Dank gibt's Computer

Kaum hat man zum Telefonhörer gegriffen, um endlich mal wieder eine alte Freundin anzurufen und ausgiebig zu ratschen, brüllt das gerade noch friedlich schlafende Kind – dieser Mechanismus ist so sicher wie das Amen in der Kirche. Irgendwie ist immer etwas, und das Gespräch mit Freundinnen oder Kollegen wird vertagt. Gar nicht so einfach, darüber auf dem Laufenden zu bleiben, was sich so im Leben derer tut, die einem vor der Geburt des Kindes wichtig waren.

Gerade für frischgebackene Mütter ist E-Mail oft das einzige Kommunikationsmittel. Hier kann man mitten in der Nacht auf elektronische Briefe antworten, während man seinem Kind, das nicht in den Schlaf findet, Gesellschaft leistet. Texte, die nicht beendet werden können, weil das Kind auf den Arm möchte, werden einfach abgespeichert und später fertig geschrieben und versendet.

Mein Rat

Über eine E-Mail, und sei sie noch so kurz und mitten in der Nacht gesendet, freut sich jeder.

Gleichgesinnte gesucht

Kurse für Säuglinge – von Babymassage, Babysprache, Babyschwimmen bis zur PEKiP-Gruppe – gibt es mittlerweile reichlich. Einige der Kurse sind so populär, dass man sich bereits vor der Geburt dafür anmelden muss, um einen Platz zu bekommen. Doch auch wenn das Kind im Fokus des Kurses steht: Auch für die Mütter ist es schön, auf »Gleichgesinnte« zu treffen und sich austauschen zu können. Es tut gut zu hören, dass auch andere schwere Nächte haben, dass andere Kinder unter Blähungen leiden oder von Zahnungsproblemen geplagt werden. Andererseits nervt es, wenn die begleitenden Erwachsenen sich gegenseitig nicht grün sind, versteckte Sticheleien ausgetauscht werden, sich jemand als »Super-Mami« darstellt und das Ganze nur »zum Wohle des Kindes« stattfindet. Gut, wenn auch aus diesem Grund Schnupperstunden angeboten werden. So kann man sich unauffällig orientieren, ob auch bei den »Großen« die Chemie stimmt und nicht nur die Kinder nach einem Treffen zufrieden und bereichert den Heimweg antreten.

Mein Rat

Wichtig ist nicht, welchen Kurs man besucht, sondern dass die Treffen Mutter und Kind Freude bereiten.

53

Manche Themen sind tabu

Krankheiten, Religion und Politik sind die Tabuthemen, wenn man auf einer Party Smalltalk machen muss – so steht es wenigstens in jedem Gesellschafts-Knigge. Unter Müttern kommt noch ein weiteres Thema dazu: die Erfolge des eigenen Kindes. Nichts hasste ich beispielsweise so sehr wie die Anrufe meiner Stillgruppenbekanntschaft Elke. Schon morgens um acht Uhr musste sie mir reindrücken, dass ihr Baby heute

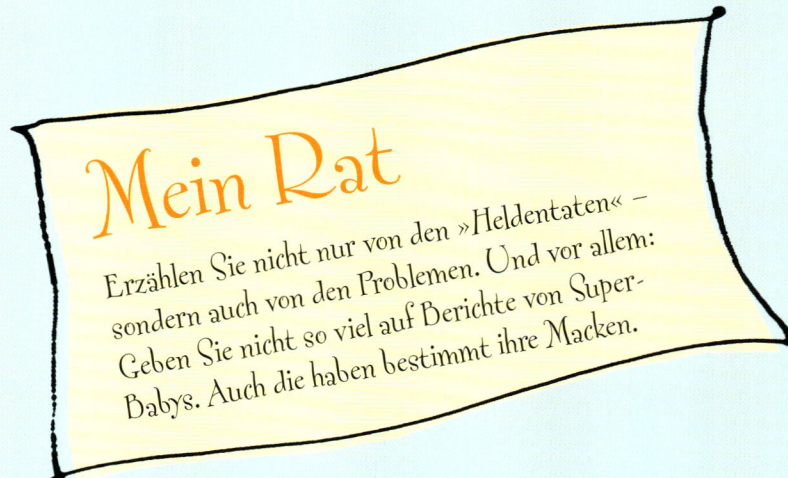

Mein Rat

Erzählen Sie nicht nur von den »Heldentaten« – sondern auch von den Problemen. Und vor allem: Geben Sie nicht so viel auf Berichte von Super-Babys. Auch die haben bestimmt ihre Macken.

schon wieder durchgeschlafen
hatte. Während ich übernächtigt vor meiner
Tasse Kaffee hing, weil ich meine Tochter heute Nacht drei-
mal gestillt hatte, und mir schon zu dieser frühen Morgenstunde über-
legte, wie ich den Tag überstehen sollte und wann ich eventuell meine
Tochter zu einem gemeinsamen Mittagsschläfchen überreden könnte.

Meiner Nachbarin geht's heute nicht viel besser. Sie bekommt immer
Puzzlespiele für ihren Sohn geschenkt – von einer »befreundeten« Dame
mit gleichaltriger Tochter, deren Kind aber »motorisch schon sehr viel
weiter ist und sich so toll konzentrieren kann«. Jetzt soll ihr Sohn mit
den abgelegten Teilen üben, damit »aus ihm auch noch was wird«.
Das Gespenst des Aufmerksamkeitsdefizit-Syndroms scheint schon im
zarten Alter von zehn Monaten drohend über ihm zu hängen ...

Was ich damit sagen will: Jeder ist wahrscheinlich in irgendeiner Beziehung unsicher, wenn es um das eigene Kind geht. Und ich neige manchmal schon dazu, mit anderen Kindern zu vergleichen. Welche Mutter
möchte schließlich nicht ihr Kind optimal fördern. Mich verunsichert es
aber total, wenn ich dann von anderen Müttern nur Rekordverdächtiges
zu hören bekomme – andererseits hoffe ich doch auf den entscheidenden Tipp, der zur Problemlösung beitragen kann. Wirklich ein zwei-
schneidiges Schwert ...

Und es hört einfach nicht auf zu schreien

Sehr viele Kinder (insbesondere Jungs) leiden die ersten drei Monate an Koliken und brüllen sich manchmal vor Schmerzen die Seele aus dem kleinen Leib. Man selbst muss dabei fast hilflos zusehen. Außer Herumtragen (insbesondere im sogenannten Fliegergriff) und für den Wurm da sein kann man nicht viel tun. Ein unter Koliken leidendes Kind oder Schreikinder müssen aber nicht versteckt werden. Sicher, es ist nicht sehr spaßig, mit einem brüllenden Kind spazieren zu gehen, aber etwas Abwechslung tut Mutter und Kind gut. Nichts ist in solchen Situationen schlimmer, als sich in der Wohnung zu vergraben.

Kinder mit Koliken und Schreikinder brüllen nicht, weil die Mutter etwas falsch macht, aber das tröstet in so einer Situation auch nicht. Oft kann eine Betroffenengruppe den nötigen Rückhalt geben. Hier findet man Gleichgesinnte, und wie man weiß ist geteiltes Leid halbes Leid.

Mein Rat

Wenn Ihr Kind viel schreit oder an Koliken leidet, dann zögern Sie nicht, sich mit anderen betroffenen Müttern auszutauschen. Oder Sie wenden sich gleich an eine Schreiambulanz und bitten um professionelle Hilfe.

Chatten und Co.

Gar nicht so einfach, mit den Freunden/innen in Kontakt zu bleiben,
wenn man eigentlich nur nachts Zeit hat und da dann zu müde ist,
um zu telefonieren. Schon mal ans Chatten
gedacht? Dies kann man auch wunderbar mit
Baby im Arm.

Und nicht nur Freunde sind als Ansprechpart-
ner »geeignet«: Oft habe ich mir auch Unter-
stützung in diversen Mütterforen gesucht
und bin fündig geworden. In solchen Inter-
netplattformen kann man gezielt über
ganz bestimmte Themen chatten und sich
über vieles informieren. Querbeet konnte ich vieles bespre-
chen, was ich gerade auf dem Herzen hatte – und das, wenn es mir
gerade in den Kram passte und niemand von meinen Freunden und
Bekannten Zeit hatte.

Auf diese Weise findet man relativ einfach Gleichgesinnte, die sich über
Freud und Leid, Wehwehchen und die neuesten Breichenrezepte austauschen wollen. Immer wieder ergeben sich auch nette persönliche
Kontakte. Es gibt Gruppen, die heißen »Berliner Mamis« oder »Münch-
ner Mamis«, und so kann man sich auch von Angesicht zu Angesicht
kennenlernen. Praktisch ist auch eine Angebotsbörse: Da kann man
Dinge, die man selbst nicht mehr braucht, zum Verkauf anbieten oder
selbst für sein Baby auf die Suche gehen.

Kopfgymnastik

Mit der Geburt des Kindes verändern sich die Interessen. Der kleine Racker nimmt einen Großteil der Gesprächsthemen ein. Gerade für Mütter, die sich selbst um die Kinderbetreuung kümmern und nicht relativ zügig wieder ins Berufsleben zurückkehren, kommt manchmal der Punkt, dass sie sich nach anderen Gesprächsstoffen als »Rund ums Baby« sehnen. Oft besteht das Problem aber darin, dass sie im Vergleich zu früher ja »nichts erleben«. In dieser Situation habe ich festgestellt, dass es fast zu jedem Interessengebiet Hörspiele, Podcasts und CDs gibt. Diese lassen sich wunderbar leise hören, während das Kind schläft. Füße hochlegen und etwas für den eigenen Kopf tun. Eine Sprache über CD lernen, ein Buch als Hörspiel vorgelesen bekommen – der eigenen Seele etwas Gutes tun. Dies sorgt auch wieder für neuen Gesprächsstoff.

Mein Tipp
Hörspiele und Podcasts bringen die Gehirnzellen auf Trab.

Babysitting auf Gegenseitigkeit

Wem ich mein Kind anvertraue, auch nur für ein paar Stunden, war für mich eine der schwersten Entscheidungen. Für mich war Babysitting auf Gegenseitigkeit – besonders angesichts weit entfernt lebender Groß-eltern – die ideale Lösung. Im Kinderkurs hatte ich eine nette Mutter mit einer Tochter im selben Alter wie meinen Zögling kennengelernt. Wir beschlossen, uns gegenseitig unsere Kinder anzuvertrauen: Jede passte für begrenzte Zeit nach Absprache auf das Kind der anderen auf. Die Stunden schrieben wir auf, sodass sich keine benachteiligt fühlte. Der Vorteil: Hier musste ich das Wickeln nicht erst erklären und zeigen, sie kannte den Umgang mit einem Baby bestens von ihrem eigenen. Mein Kind hatte Gesellschaft, und die Trennung von Mama fiel gar nicht so schwer.

Mein Tipp

Bei Babysitting auf Gegenseitigkeit immer die Stunden aufschreiben, dann gibt es keinen Streit hierüber.

Zurück zu mir

»Wie geht's denn dem süßen Baby?« – In den allermeisten Fällen habe ich mich über solche Anfragen gefreut und bereitwillig Auskunft gegeben. Manchmal hätte ich mich aber noch mehr gefreut, wenn sich jemand nach meinem Befinden erkundigt hätte. Dann hätte ich erzählen können: von tiefen schwarzen Ringen unter den Augen und schlaflosen Nächten, von vergeblichen Fütterungsversuchen und schmerzenden Schultern vom stundenlangen Herumtragen. Dass das Baby sich nur durch Stillen beruhigen lassen wollte und dass ich mich langsam als Milchbar missbraucht fühlte.

Ich kam aber auch zu der Erkenntnis: Jammern nützt nichts. Ich musste selbst aktiv werden und etwas ändern, um einen Weg aus meinem Dilemma zu finden. Ich musste etwas »für mich selbst« tun.

Kleider machen Leute

Nach der Geburt hat man leider oft noch ein paar Pfunde mehr als vor der Schwangerschaft auf den Hüften. Und die beginnen auch erst im Laufe der Zeit zu purzeln. Manche Fettpölsterchen sind äußerst hartnäckig und wollen sich einfach nicht verabschieden. Eigentlich hatte man sich ja schon darauf gefreut, sich wieder etwas Neues zum Anziehen zu kaufen und endlich wieder up to date zu sein – aber eben erst, wenn das Traumgewicht wieder erreicht ist.

Mein Rat

Der Weg zurück zur eigenen Figur und zum eigenen Ich ist leichter in passender Kleidung.

Da nach der Geburt auch noch das ein oder andere für den neuen Erdenbürger angeschafft werden muss, knausert manche Mutter vor allem an sich selbst. Meinem Ich hat es allerdings sehr gutgetan, mir relativ früh für das eigene Selbstwertgefühl und für das Ankommen im neuen Leben mit Kind zwei aktuell passende Outfits zuzulegen. Diese ließen sich wunderbar mit den bereits vorhandenen Sachen kombinieren und gaben mir das Gefühl, »wieder jemand zu sein«. Ansonsten wäre die Verführung, den ganzen Tag im Jogginganzug zu verbringen, sehr groß gewesen, da ich ja eh nichts Passendes zum Anziehen hatte. Der guten Laune ist das aber nicht zuträglich. Kleider machen eben auch Mütter.

Von Beruf: Mutter

Viele denken, wenn sie sich morgens im Café so umschauen: Mutter müsste man sein. Sitzen gemütlich auf einen Schnack zusammen, die Kinder schlafen oder spielen im Kinderwagen. Vergessen wird dabei, dass Muttersein ein 24-Stunden-Fulltime-Job ist und man als Mutter nicht einmal den Zeitpunkt der »Arbeitspause« festlegen kann.

Der Beruf Mutter fordert einen voll und ganz. Für diesen Beruf gibt es keine Ausbildung und keine Prüfungen und dennoch ist einem »kostbares Leben« anvertraut. Man muss beständig vorausdenken und Hindernisse aus dem Weg räumen, die der kleine Mensch noch nicht erkennen kann. In keinem anderen Beruf werden jeden Tag die Grenzen seitens der Kollegen neu ausgetestet – bei einem Kind passiert das stündlich. In jedem anderen Beruf kann man mal krank werden: Dann bleibt die Arbeit eben liegen oder die Kollegen müssen einspringen. Auch wenn die »reguläre Arbeitszeit« beendet ist und das Kind schläft, ist die Mutter dennoch ständig auf Stand-by, falls das Kind einen Albtraum hat, Wasser trinken möchte, gewickelt werden muss usw.

Auch wenn sich im Laufe der Zeit ein gewisser Tagesrhythmus einstellt: Als Mutter kann man sich nie sicher sein, ob man wirklich um 12.30 Uhr Pause hat und das Kind seinen Mittagsschlaf macht. Im Büro kann man den Telefonhörer auflegen oder die Tür nachdrücklich schließen. Man kann das Telefon umstellen oder die Sekretärin ausrichten lassen: »Frau X ist gerade in einer wichtigen Besprechung und darf gerade nicht gestört werden« – ein Baby lässt sich nicht einfach abschalten.

Mit diesen Beispielen will ich Ihnen zeigen: Mutter sein ist ein vollwertiger Beruf, auf den man stolz sein kann. Und das sollte auch allen anderen Familienmitgliedern sowie Freunden und Bekannten klar sein!

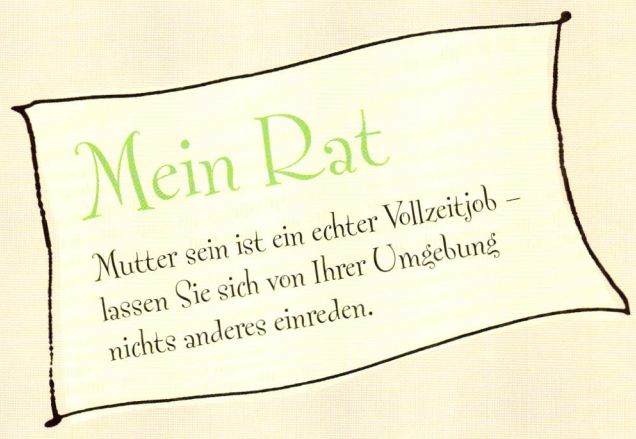

Mein Rat

Mutter sein ist ein echter Vollzeitjob – lassen Sie sich von Ihrer Umgebung nichts anderes einreden.

Start in den Tag

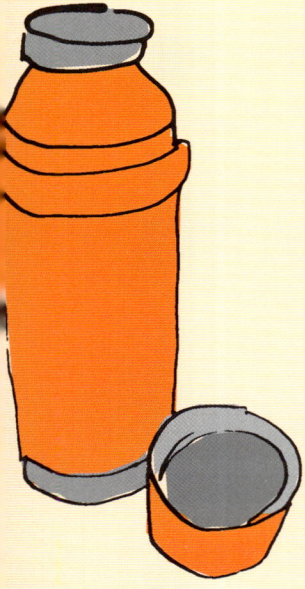

Babys sind Frühaufsteher. Und davon lassen sie sich von nichts und niemandem abbringen. Was habe ich nicht alles probiert, um morgens ein paar Minuten mehr im Bett für mich herauszuschinden. Es half nichts: Baby war wach und wollte unterhalten werden. Irgendwann habe ich dann gemerkt, dass ich durch diesen ewigen Kampf um die Bettdecke nur immer missmutiger wurde und der Start in den Tag immer schlecht war. Geholfen hat bei mir Folgendes:

- Ich habe den Tag mit einem Becher eiskaltem Wasser aus der Thermoskanne begonnen. Den habe ich vor dem Aufstehen getrunken – und war hellwach!
- Zum Work-out morgens war ich zu faul. Aber schon Räkeln und Strecken im Bett half, um in Gang zu kommen.
- Eigentlich bin ich ein Frühstücksmuffel. Ein bisschen Energie in Form von Nahrung sollte man seinem Körper aber zukommen lassen.
- Frische Luft hilft gegen jeden Tiefpunkt – warum also nicht gleich morgens spazieren gehen?
- Am Wochenende dürfen sich die Eltern mit dem Ausschlafen abwechseln. Jeder darf einen Tag ausschlafen und so lange im Bett bleiben, bis er aufstehen mag – auch wenn zwischendurch gestillt werden muss.

Mein Rat

Babys sind Frühaufsteher – daran lässt sich nichts ändern. Stellen Sie sich einfach auf diese Situation ein, dann vermeiden Sie negativen Stress.

Ich brauch Zucker!

Kennen Sie die Situation? Der Tag ist anstrengend. Der kleine Racker will nur getragen werden, und wenn er sich endlich ablegen lässt, geht das nur so lange ohne Gebrüll, wie zumindest der Kinderwagen bewegt wird. Inzwischen knurrt auch der Mamamagen. Alles in einem schreit nach Zucker und etwas Trost. Alle Gedanken drehen sich um Süßigkeiten und Leckereien, um eine Belohnung, die man sich ja redlich verdient hätte.

Mein Tipp

Auch Mütter brauchen ab und an eine Belohnung – am besten ohne Zucker.

Leider dient diese Art der Belohnung nicht der Bauchumfangverringerung. Ersatzbelohnungen wie ein guter Tee, ein Fußbad oder auch mal wieder sein Lieblingslied hören helfen viel besser auf dem Weg zur Traumfigur. Vielleicht müssen Sie sich auch bewusst machen, dass der Heißhunger auf Süßes durch Stress und ein Hormon, das im Gehirn in dieser Situation in großen Mengen ausgeschüttet wird, ausgelöst wird. Also eher an der Stressvermeidung arbeiten, sodass es erst gar nicht zur Heißhungerattacke kommt.

Und wenn's denn etwas Süßes sein muss: Lassen Sie das Stück Schokolade genüsslich auf der Zunge zergehen, genießen Sie!

Was habe ich heute nur gemacht?

Ich hatte eine lange Liste. Auf der stand, was ich alles erledigen wollte, wenn ich erst mal bei meinem Kind zu Hause bleiben und nicht mehr arbeiten würde. Mein Kind ist inzwischen zwei Jahre alt, und von der 20 Punkte umfassenden Liste sind erst zwei abgehakt. Kaum ein Tag vergeht, an dem ich mich nicht frage: ... und was habe ich heute gemacht, außer mich um das Kind gekümmert?

Mein Selbstwertgefühl wird besonders an den Tagen gedrückt, an denen mich ein Anruf von einer Freundin ereilt, die fragt, ob ich dies oder jenes nicht für sie erledigen könnte. Ich sei ja sowieso zu Hause und hätte doch bestimmt nichts zu tun. Auch Freundinnen brauchen eben manchmal einen sanften Hinweis, dass auf ein Kind aufpassen nicht »Nichtstun« ist.

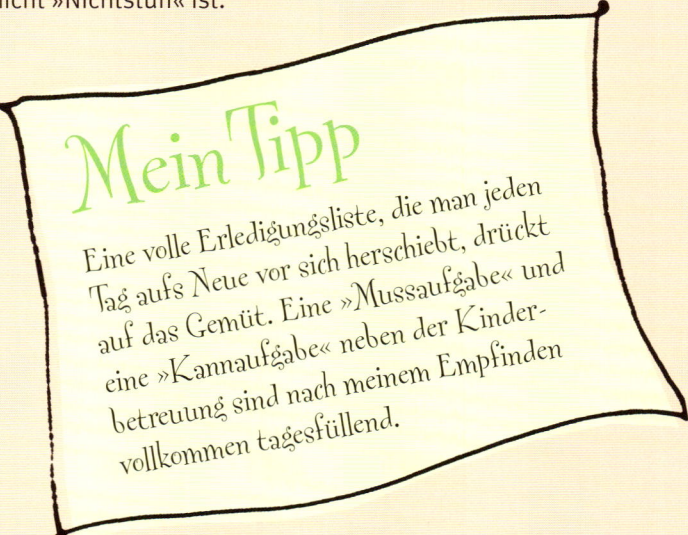

Mein Tipp

Eine volle Erledigungsliste, die man jeden Tag aufs Neue vor sich herschiebt, drückt auf das Gemüt. Eine »Mussaufgabe« und eine »Kannaufgabe« neben der Kinderbetreuung sind nach meinem Empfinden vollkommen tagesfüllend.

Stress lass nach

Es schreit und schreit und schreit. Dabei ist das Baby sauber, gesund und satt. Und es schreit immer noch. Wenn ich es nicht geschafft habe, mein Baby zu trösten, bin ich manchmal innerlich regelrecht aggressiv geworden. Wahrscheinlich stoßen Sie auch einmal an Ihre persönlichen Belastungsgrenzen; aber egal, wie verzweifelt Sie sind: Schütteln Sie Ihr Baby nie gewaltsam, das kann zu einem »Schütteltrauma« führen.

> ## Mein Rat
>
> Egal, wie frustriert Sie sind: Schütteln Sie Ihr Baby nicht. Scheuen Sie sich nicht, um Unterstützung zu bitten oder fachkundige Hilfe in Anspruch zu nehmen.

In solchen Momenten ist es besser, das Kind sicher in sein Bettchen zu legen und irgendwo hinzugehen, wo Sie das Schreien nicht hören. Ich bin beispielsweise auf den Balkon und habe kurz durchgeatmet. Oder ich habe mit einer Freundin telefoniert. Danach hatte ich Distanz zu der Situation gewonnen und war wieder »trostbereit«.

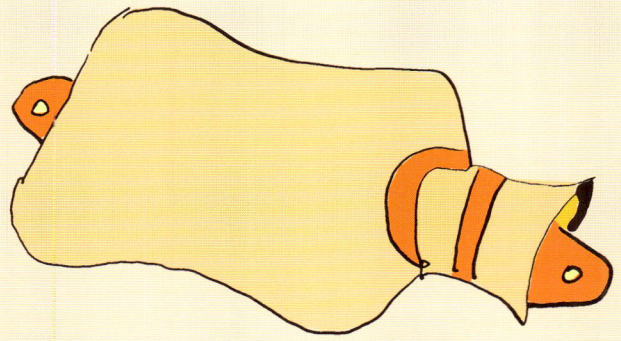

Du hast da was ...

Gemeint sind weißliche Spuren im Schulterbereich, an denen man viele Mütter auf den ersten Blick erkennt. Woher die stammen? Neben der Milch hat der kleine Racker auch jede Menge Luft geschluckt. Und damit er anschließend keine Blähungen bekommt, hat er aufgestoßen, »ein Bäuerchen gemacht«, und es geht ihm jetzt rundum gut.

Was ihn »gedrückt« hat, ist jetzt aber im Schulterbereich der Mutter zu sehen, denn die hat das Baby dorthin gelehnt und ihm ganz sanft auf den Rücken geklopft. Leider lassen sich diese weißen Spuren (ab dem Zufüttern von Karotte oder Kürbis orange) nicht so ganz einfach abwischen, meist sind sie auch mit dem Geruch nach säuerlicher Milch kombiniert, der einem selbst nach einiger Zeit gar nicht mehr auffällt – der Umwelt aber umso mehr.

Mit der Zeit neigt man dazu, diese Mutter-Epauletten einfach zu akzeptieren. Es fehlt ja auch an der Zeit, sich jedes Mal ein neues T-Shirt anzuziehen. Und an den Wäscheberg mag man sowieso nicht denken. Doch eigentlich kann man ganz leicht Abhilfe schaffen: mit einem »Spucktuch« über der Schulter. Dies kann jede Art von länglichem Stofftuch sein. Wenn es schnell gehen muss (wie meist), kann man sich auch eine doppelte Lage Papierhaushaltstücher über die Schulter legen. Fast jede Mutter fragt sich, ob dieser Aufwand denn wirklich sein muss, die (mitmenschliche) Umwelt findet jedoch: ja.

Mein Tipp

Mutter-Epauletten sind unschön und lassen sich durch ein Tuch vermeiden.

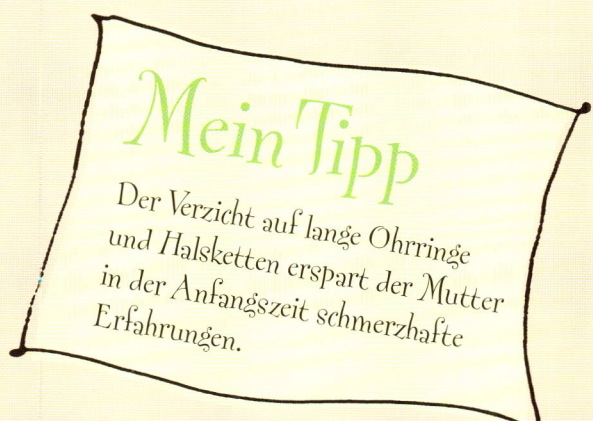

Style, Style, Style

Wenn man schon (noch) nicht in seine Vor-Schwanger-schafts-Klamotten hineinpasst, möchte man wenigstens auf andere Weise positiv etwas für sein Äußeres tun. Auch hüb-scher Schmuck trägt doch zum Selbstwertgefühl bei. Hier möchte ich allerdings warnen: Lange glitzernde Ohrringe ziehen kleine Kin-derhände fast magisch an. Natürlich lernt das Kind, dass es hieran nicht ziehen darf. Da dieser Lernprozess jedoch etwas dauert, mag es weniger schmerzhaft sein, in der ersten Zeit auf lange Ohrringe zu verzichten. Gleiches gilt für Halsketten.

Mein Tipp

Der Verzicht auf lange Ohrringe und Halsketten erspart der Mutter in der Anfangszeit schmerzhafte Erfahrungen.

Wenn die Mama abgemeldet ist

Lange habe ich auf die ersten Worte unseres kleinen Rackers warten müssen. Wir verstanden uns ja auch ohne Worte, weshalb sollte sie da also früh sprechen lernen? Nach »Mama« und »Papa« übten wir dann »Oma« und »Opa«. Die Großeltern kamen natürlich dann auch zu Besuch, und oft war in dieser Zeit nur noch »Oma« und »Opa« zu hören. Manchmal wurde ich fast schon eifersüchtig und ließ die Großeltern nicht allein mit dem Kind – damit sie es nicht so verwöhnen konnten, denn mich hatten sie sehr viel strenger erzogen! Danach war ich ärgerlich über mich, weil ich eine Chance verschenkt hatte, endlich mal in Ruhe zum Friseur zu gehen, eine Freundin zu treffen, die Zeitung zu lesen ... Und weil ich nicht so großzügig gewesen war, den Großeltern die Möglichkeit zu geben, eine von mir unabhängige Beziehung zu ihrer Enkelin aufzubauen.

Mein Rat

Nutzen Sie jede Möglichkeit, etwas für sich zu tun. Ihr Kind liebt Sie auch, wenn Sie es ab und an jemandem Zuverlässigen anvertrauen.

Geschenk für die Mama: Putzhilfe

Das Thema Geschenke hatten wir ja eigentlich schon. Trotzdem muss ich noch einmal darauf zurückkommen. Wohl eines der schönsten Geschenke, das man einer Mutter machen kann oder das man sich selbst machen kann, ist eine Putzhilfe. Egal, ob für zwei Stunden oder für das ganze Jahr. Putzen und gleichzeitig ein Kind zu betreuen ist anstrengend. Schauen, dass es nicht in den Putzeimer fällt, auf dem gerade gewischten Fliesenboden nicht ausrutscht, ein Kind zu trösten, das Angst vor dem Staubsaugergeräusch hat – all dies macht das Saubermachen nicht einfacher. Wird dann noch das Kind in der ersten Zeit von Koliken geplagt und will nicht vom Arm, ist putzen fast unmöglich.

Mein Tipp

Eine Putzhilfe ist ein tolles Geschenk für Mütter.

Passender Beistand gesucht

Eigentlich ist der Kinderarzt ja vor allem fürs Baby da – sollte man wenigstens meinen. Allerdings habe ich festgestellt, dass nach einem Besuch beim Kinderarzt oft ich vollkommen von der Rolle war, und nicht mein Kind. Der Grund?

Die Chemie zwischen uns Erwachsenen stimmte einfach nicht. Ich hatte keine Lust, von oben herab behandelt zu werden, wenn ich es wagte, mir Behandlungsalternativen erläutern zu lassen. Und ich wollte nicht bei jeder Frage ein schlechtes Gewissen haben, weil das Wartezimmer aus allen Nähten platzte und der Arzt entsprechend abgehetzt war. Außerdem bekam ich schon Tage vor einem Kontrolltermin Schweißausbrüche, weil ich wusste, dass mir wieder meine vermeintlichen Defizite als Mutter vor Augen geführt werden würden – sei es, dass mein Baby noch nicht mit dem Löffel essen konnte oder »immer noch« gestillt wurde bzw. motorisch noch nicht bewerkstelligen konnte, was angeblich in diesem Alter schon selbstverständlich ist.

Hier ein paar äußere Rahmenbedingungen, die für mich wichtig waren.
Der Kinderarzt sollte:

- Hausbesuche machen (allein die Vorstellung, mit einem hochgradig fiebernden Kind durch die Stadt zu fahren, lässt meine Temperatur auf Fiebernähe ansteigen);

- gut erreichbar sein (optimal natürlich zu Fuß, aber eine gute Anbindung an öffentliche Verkehrsmittel ist vollkommen ausreichend);

- mit den eigenen medizinischen Vorstellungen konform gehen (Ja oder Nein zu Homöopathie, Impfen, Schnuller, Akupunktur etc.);

- das Kind ganzheitlich betrachten (gerade bei Babys und Kleinkindern ist es wichtig, den ganzen Körper zu betrachten und nicht nur die Entwicklung einer akut betroffenen Körperstelle);

- seine Handynummer für Notfälle zur Verfügung stellen oder andere, seiner Meinung nach gute Notfalleinrichtungen empfehlen.

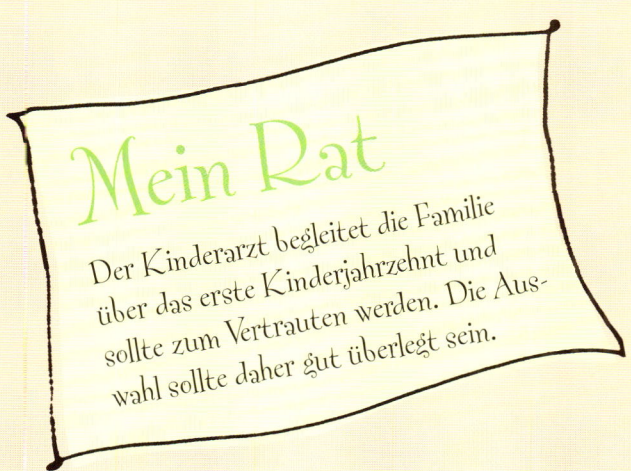

Mein Rat

Der Kinderarzt begleitet die Familie über das erste Kinderjahrzehnt und sollte zum Vertrauten werden. Die Auswahl sollte daher gut überlegt sein.

Working Mum

»Soll ich jetzt wieder arbeiten? Wann will ich wieder einstei-gen?« Diese Frage stellt sich jede Mutter irgendwann. Wer vor der Schwangerschaft ganz in seinem Job aufgegangen ist, schließt wahrscheinlich aus, die volle Elternzeit von drei Jahren daheim zu bleiben. Andere können sich nicht vom Baby tren-nen. Teilzeit wäre für viele Mütter meist die ideale Lösung. Die Personalchefs sind von so einem Vorschlag oft nicht sehr begeistert. Aber das sollte Ihre Entscheidung nicht beeinflus-sen – schließlich haben Sie Arbeitnehmerrechte. Wenn Sie die nicht kennen, dann sollten Sie sich möglichst schnell beim Betriebsrat oder dem Bundesministerium für Wirtschaft und Arbeit kundig machen. Aber viele Arbeitgeber freuen sich auch, wenn ihre Mitarbeiter wieder »an Bord« sind. Schließlich wird gerade Müttern ein hohes Maß an sozialer Kompetenz, Team-fähigkeit und Organisationsvermögen nachgesagt.

Vorher ist nachher

Mit dem Ausstieg in den Mutterschutz bereiten Sie im Prinzip schon die Rückkehr ins Arbeitsleben vor. Damit will ich sagen: Geben Sie Ihrem Arbeitgeber schon frühzeitig Bescheid, dass und wann Sie in Mutterschutz gehen und wie lange die Pause voraussichtlich dauern soll. Vor allem sollte die Übergabe an Ihre Vertretung in der Elternzeit glatt verlaufen – dann bleiben Sie Chef und Kollegen in angenehmer Erinnerung.

Auch wenn Sie dann mit dem Baby zu Hause sind, brauchen Sie Ihr Arbeitsumfeld nicht aus den Augen zu verlieren. Fortbildungen sind beispielsweise auch online möglich – in diesem Fall muss man nicht einmal einen Babysitter organisieren.

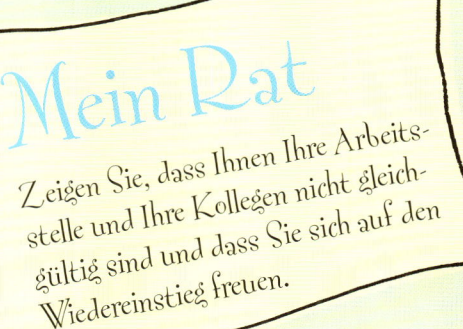

Mein Rat

Zeigen Sie, dass Ihnen Ihre Arbeitsstelle und Ihre Kollegen nicht gleichgültig sind und dass Sie sich auf den Wiedereinstieg freuen.

Hallo! Mich gibt es noch!

Aus den Augen, aus dem Sinn: Wer an seinen früheren Arbeitsplatz zurückkehren will, sollte auch in der Elternzeit am Ball bleiben. Meine Kollegen haben sich gefreut, als ich mich persönlich – natürlich mit Baby im Arm! – für ihre Glückwünsche und die Geschenke im Büro bedankt habe. Und für mich war es selbstverständlich, immer wieder an Meetings, Betriebsfeiern oder -ausflügen teilzunehmen. Mit ein wenig Organisation hab ich es sogar geschafft, Ferienvertretungen von kurzer Dauer zu übernehmen. Und wissen Sie was? Das hat richtig Spaß gemacht!

Mein Rat

Steigen Sie nicht komplett aus – das erspart Ihnen einen mühsamen Wiedereinstieg.

Zurück im Arbeitsleben

Ob acht Wochen nach der Geburt oder später, wann immer Sie wieder anfangen zu arbeiten: Der Tagesablauf ist jetzt ein ganz anderer als vor der Geburt Ihres Kindes. Das Bedürfnis, den kleinen Racker dennoch zu sehen und sich mit Fotos von ihm zu umgeben, mag manchmal groß sein. Kinderfotos in Übergröße oder zu viele davon im Büro (insbesondere in Gemeinschafts-büros) können manchem Kollegen oder mancher

Mein Rat

Nicht jede/r Kollege/Kollegin findet Kinderfotos in Übergröße und Überzahl gut.

Kollegin allerdings die Sprache verschlagen. Ein Blick in Büros von anderen Eltern, ein Gespräch mit einer guten Kollegin oder dem bzw. der Vorgesetzten hilft, den richtigen Mittelweg zu finden. Vielleicht ist in diesem Fall der Rat »Aus den Augen, aus dem Sinn« durchaus nütz-lich. Damit will ich sagen: Wenn Sie arbeiten, müssen Sie Ihren Kopf für Ihren Job frei haben.

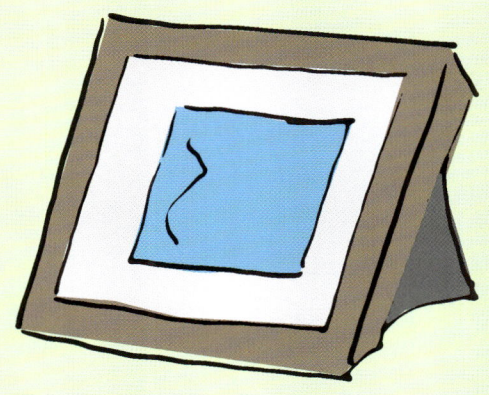

Betreuungsmöglichkeiten

Wer wieder arbeiten geht, benötigt eine gute Kinderbetreuung. Egal, ob die Oma in diesem Fall einspringt bzw. Kindergarten oder Tagesmutter sich um das Kind kümmern, am besten regelt man dies so früh wie möglich. Je jünger das Kind, desto schwieriger ist es, einen Betreuungsplatz zu finden. Oft muss man ein Baby schon vor der Geburt anmelden, um Chancen auf einen Krippenplatz zu haben. Erst ab drei Jahren besteht ein Rechtsanspruch auf einen Kindergartenplatz.

Denken Sie rechtzeitig daran: Nicht nur Sie, auch Ihr Kind muss sich an die Veränderungen gewöhnen, die ein Wiedereinstieg ins Arbeitsleben mit sich bringt. Lassen Sie ihm die nötige Zeit, um mit der betreuenden Person vertraut zu werden. Und vor allem: Machen Sie's am Tag X kurz mit dem Abschied. Wenn Sie selbst feuchte Augen haben, brauchen Sie sich nicht wundern, wenn Ihr Kind beim Abschied in Tränen ausbricht.

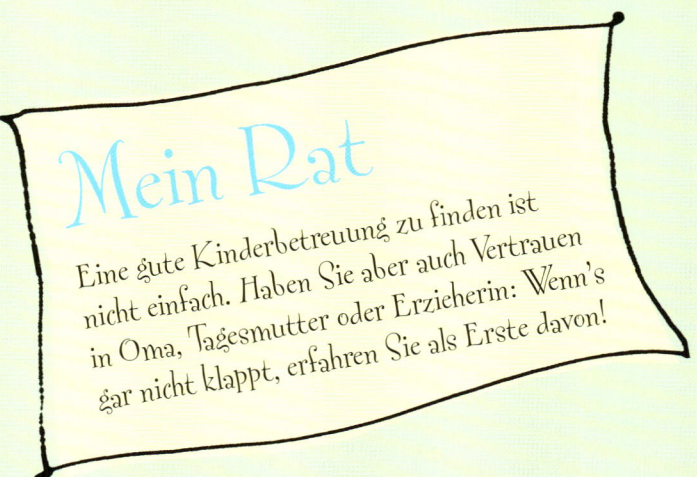

Mein Rat

Eine gute Kinderbetreuung zu finden ist nicht einfach. Haben Sie aber auch Vertrauen in Oma, Tagesmutter oder Erzieherin: Wenn's gar nicht klappt, erfahren Sie als Erste davon!

Plan B tritt in Kraft

Um sich wieder voll auf die Arbeit konzentrieren zu können, empfiehlt es sich, vor Arbeitsaufnahme einen schriftlichen Notfallplan zu machen und alle möglichen Problemfälle einmal durchzugehen. Also:

- Wer kümmert sich um das Kind, wenn Sie selbst oder Ihr Kind krank sind.
- Wer holt das Kind im Bedarfsfall vorzeitig von der Betreuungsstelle ab?
- Wer springt im Urlaub/auf Dienstreisen/bei fälligen Überstunden ein?

Mein Rat

Proben Sie den Notfall – dann können Sie auch in der Krise gelassen reagieren und sich auf Ihre Arbeit und Ihre Karriere konzentrieren.

Und vor allem: Auch die Tagesmutter kann krank werden, und dann braucht man jemanden, der einspringt. In manchen Städten gibt es Not-Tagesmütter oder ehrenamtliche Betreuerinnen, die mehrere Tage ein krankes Kind daheim betreuen. Im Übrigen kann durchaus der Papa einspringen: Auch für ihn besteht oft laut Arbeitsvertrag das Recht auf bezahlte Freistellung, sodass er – wenn ein Attest vorliegt – ein krankes Kind betreuen kann. Schließlich möchte doch auch Ihr Partner, dass Ihr Arbeitgeber weiß, dass er sich auf Sie verlassen kann und dass Sie nicht gleich alles stehen und liegen lassen.

Arbeitsteilung – von Anfang an

Schnell schlittert man hinein in die althergebrachte Rollenteilung, wie Sie sie vielleicht noch von Ihren Eltern, meist aber noch von Ihren Großeltern kennen. Der Partner geht in Beruf und Karriere auf, als Mutter kümmert man sich um Baby und Haushalt – hält ihm sozusagen den Rücken frei. Ein solches Rollenschema findet sich besonders oft in Partnerschaften, wo der eine sehr viel mehr verdient als der andere.

Sie können aber gegensteuern, und das am besten von Anfang an: Machen Sie Ihrem Partner deutlich, dass auch Sie wieder arbeiten wollen und dass der Einschnitt in Ihre berufliche Karriere nicht so lange dauern soll, bis Ihr Kind die Schule abgeschlossen hat.

Mein Rat

Holen Sie von Anfang an Ihren Partner mit ins Boot. Das gilt für die Kinderbetreuung ebenso wie für alle Haushaltspflichten.

Die ideale Betreuung

Sofern es mehrere Kindergärten gibt, muss man sich entscheiden, bei welchem man sich bewirbt, und wenn man in der glücklichen Lage ist, unter mehreren auswählen zu können, sollten folgende Punkte bei der Entscheidung helfen:

- Wie wichtig ist mir der Träger der Einrichtung (staatlich, privat, karitativ, anthroposophisch)?
- Wie viele Tage im Jahr und wann ist die Einrichtung geschlossen?
- Wie ist der Betreuungsschlüssel, d. h. wie viele Kinder kommen auf einen Erzieher?
- Gibt es einen Außenbereich, damit die Kinder auch draußen herumtoben können, und ist dieser gesichert?
- Gibt es feste Gruppen mit Erzieher oder sind die Erzieher Räumen oder bestimmten Tätigkeiten zugeordnet?
- Gibt es frisch zubereitetes Essen? Gibt es Fleisch und/oder Fisch? Wird auf Allergien Rücksicht genommen?
- In welcher Form ist Elternbeteiligung gewünscht/gefordert?
- Werden Ausflüge unternommen?
- Wie lange ist die Warteliste und wie viele Kinder werden im entscheidenden Alter jeweils in etwa aufgenommen?
- Wie werden die Eltern über das Kinderverhalten informiert? Gibt es regelmäßig Elternabende?
- Wie erfolgt die Eingewöhnungsphase?
- Werden auch »Windelkinder« angenommen?

Praktische Tipps für das Leben mit Kind

Als ich schwanger war, fragte ich meine Freundinnen mit Kind aus, was denn nun alles anders werden würde und was ich jetzt schon tun könnte, damit das Leben als Mama einfacher werden würde. Alle erzählten mir aus ihrem persönlichen Nähkästchen, und der eine oder andere Ratschlag findet sich auch in diesem Buch wieder. Allerdings verliefen diese Gespräche selten »am Stück«. Dazwischen musste ein Kind getröstet, die verschüttete Milch aufgewischt oder eine Windel gewechselt werden. So gut die Tipps waren, es gab sie nicht aus einem Guss. So fing ich an, mir das ein oder andere zu notieren. Am Ende kamen ein paar Tipps und Checklisten heraus, die einem das Leben erleichtern können. Und die ich jetzt – sozusagen aus einem Guss – an Sie weitergebe!

Angepischert ...

Schön kuschelig warm mögen's die Babys beim
Wickeln haben – klar, wenn man einfach so nackig
auf der Wickelkommode liegt. Manche pieseln ohne
Windel auch mit sichtbarem Vergnügen. Ich kenne
eigentlich kein Elternteil, das nicht angepischert
worden ist. Und zwar egal, ob das Kind ein Mädchen
oder ein Junge ist. Toll ist es nicht, aber auch kein
großes Unglück. Ein kleines Handtuch am Wickelplatz
in Reichweite, um größere Überschwemmungen zu verhindern,
ist ratsam.

Mein Tipp

Wärmelampe und Föhn be-
dürfen eines Pipi-Schutzes.

»Frei pieseln« ist jedoch einer der Gründe, weshalb man die Wärmelampe mit beschädigtem Schutzglas sofort abhängen sollte. Man glaubt
nicht, wie hoch insbesondere Jungs pinkeln können. Aber auch das
Trockenföhnen eines wunden Popos bedarf der ganzen Aufmerksamkeit,
da dies ebenfalls ein Moment ist, der von Jungs und Mädchen gern
zum Pinkeln genutzt wird, und dann nun mal die Gefahr eines Strom-
schlags besteht.

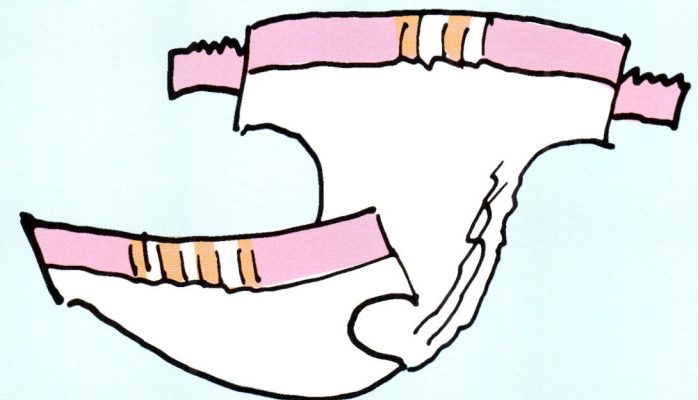

Immer mit dabei

Liebevollst hatten wir vor der Geburt das Kinderzimmer gestaltet: Bildertapete, Kinderbettchen, Wickelkommode, Mobile – alles da, in babygerechtem Design. Ich war ganz begeistert von unseren Deko-Bemühungen, mein Baby allerdings weniger: Nichts war schlimmer, als allein zu sein. Ganz schnell habe ich dann einen Stubenwagen auf Rollen besorgt, der von Zimmer zu Zimmer gezogen werden konnte.

Auch später hat sich wenig geändert: Spielen allein im Kinderzimmer war nicht der Hit, und so habe ich dann in der Küche und im Wohnzimmer jeweils einen Laufstall aufgestellt, als der kleine Racker in seine mobile Phase kam. Viele Eltern halten nichts von den Teilen, aber meiner Tochter hat's drin gefallen, und ich konnte auch mal kurz auf die Toilette gehen, ohne mir Sorgen zu machen, dass was passiert. Wenn sie sich abgeschoben fühlte, hat sie durch Quengeln auf sich aufmerksam gemacht.

Mein Tipp

Hautnah am Geschehen und immer dabei: Schon Babys wollen dazugehören. Und die heimische Geräuschkulisse wirkt – auch beim Einschlafen! – eher beruhigend als störend.

Kaffeetrinken zum Wohle des Kindes

Manche Mütter beginnen bereits vor der Geburt, die Wohnung »kindersicher zu gestalten«, manche dagegen erst, nachdem das erste kleine Unglück passiert ist.

Bei mir dauerte es lange, bis ich für meine ganzen hübschen Dekoartikel einen neuen Platz in für mein Kind unerreichbarer Höhe gefunden hatte. Als die Wohnung in meinen Augen »kindersicher« war, habe ich immer wieder Freundinnen mit kleinen Kindern eingeladen und ließ die »Kindersicherheit« testen. Diese Treffs taten mir sehr gut, da ich meine erfahrenen Freundinnen immer alles Mögliche fragen konnte und auch noch das Gefühl hatte, ich tue meinem Kind dabei etwas Gutes. Eine andere Möglichkeit ist es, eine Freundin mit Kind zu bitten, mit Ihnen die Wohnung auf »Kindersicherheit« zu prüfen (vielleicht wenn das eigene Kind zwischen vier und sechs Monate alt ist). Ein geübter Mutterblick sieht sehr vieles sofort, was einem selbst entgeht.

Mein Rat

Laden Sie Mütter mit Kindern ein und Sie erkennen sofort, ob die Wohnung »kindergerecht« ist.

Kindersichere Wohnung

Während des ersten Jahres sind Kinder nicht in der Lage, Gefahren zu erkennen, und auch im zweiten Lebensjahr müssen sie erst noch mit Gefahrenbereichen und dem richtigen Umgang damit vertraut gemacht werden. Je früher die Wohnung kindgerecht gestaltet wird, umso besser. Es kann niemand vorhersagen, wann sich Ihr Kind zum ersten Mal umdreht, robbt oder sogar loskrabbelt. Die folgende Liste soll beim Aufspüren der Gefahrenquellen helfen.

Ab dem ersten Tag gilt:

- Kein Nestchen am Bett und keine Kuscheltiere im Bett; ein Schlafsack anstelle einer Decke;
- keine Schnüre, Tücher, Schaffelle in Wiege, Bett oder Laufstall;

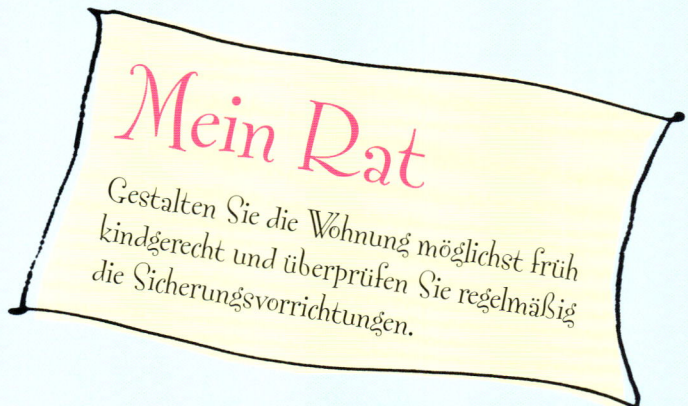

Mein Rat

Gestalten Sie die Wohnung möglichst früh kindgerecht und überprüfen Sie regelmäßig die Sicherungsvorrichtungen.

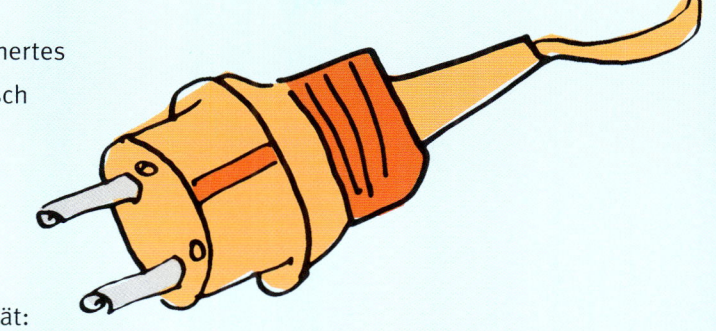

- kein unbeaufsichtigtes ungesichertes Ablegen des Babys auf Sofa, Tisch usw.;
- Entfernen von giftigen/allergie-erregenden Pflanzen;

Spätestens mit beginnender Mobilität:
- Steckdosenschutz, Verlängerungskabel nicht vergessen;
- Schranksicherung (eingeklemmte Finger schmerzen schrecklich);
- Putzmittel/alkoholische Getränke sicher verstauen;
- Leergutsicherung (kein Kind sollte Reste aus einer Flasche trinken können);
- Badezimmersicherung (WC-Deckel, Klobürste);
- Splitterschutzfolie auf Glastüren;
- kleinteilige Gegenstände (insbesondere Kronkorken) in unerreichbaren Höhen unterbringen;
- Sicherung im Außenbereich, insbesondere von Teichen und Straßenzugängen.

Sobald das Kind sich aufrichten kann:
- Verwahrung von Schlüsseln (Verschluckungsgefahr und Einschließgefahr);
- Tischtuchsicherung (lädt förmlich ein, sich daran hochzuziehen);
- Fensterschutz (Herausfall- und Klemmschutz);
- rutschfeste Teppiche;
- Besteckkastensicherung;
- Kantenschutz für alle scharfen Ecken.

Wohin nur mit dem Spielzeug

Möglicherweise hat der kleine Racker ein wundervolles Kinderzimmer. Und dennoch: Er ist nur da, wo Sie sind, und will auf keinen Fall allein sein. Die ganze Wohnung erinnert in kürzester Zeit an ein Kinderzimmer, da überall Spielsachen herumliegen.

Mein Tipp

Spielzeugkisten helfen, auf die Schnelle für Ordnung zu sorgen.

Spielzeugkisten – am besten auf Rollen – können hier für Ordnung sorgen. Diese lassen sich auch schnell vom Wohnzimmer ins Kinderzimmer stellen und umgekehrt. Sobald Ihr Kind seinen Oberkörper anheben kann, wird es schon freudig versuchen, beim Aufräumen zu helfen. Auch wenn dies mangels Wurfkraft nicht ganz gelingen wird. In Kisten räumen kann ein wundervolles Spiel sein, das Kinder genießen. Am besten lässt man sich auch nicht anmerken, dass »Aufräumen« keinen Spaß macht und nur lästige Pflicht ist – dann empfinden die Kleinen das auch nicht als Strafe, sondern als lustig.

Übrigens: Manche Spielzeugkisten lasse ich samt Inhalt einfach für ein paar Tage verschwinden. Das Wiedersehen mit dem Altbekannten ist dann hinterher umso freudiger. Nichts kann nämlich die Fantasie und die Kreativität eines Kindes so sehr hemmen wie zu viel Spielzeug, das im ganzen Umfeld verstreut ist.

Wie viele Kuscheltiere braucht ein Kind?

Manchmal war es einfach wieder so weit: Die »Muh«, das Lieblingskuscheltier meiner Tochter, heiß geliebt und unentbehrlich, musste gesäubert werden. Welche Dramen spielten sich ab. Halb nass musste sie wieder abends ins Bett gelegt werden. Selbst beim Trocknen war Vorsicht geboten: Einmal war die Kleine in Tränen aufgelöst, weil ihre Muh am Ohr aufgehängt an der Wäscheleine hing. Nach anderthalb Jahren war die Muh spurlos verschwunden und wir haben überall nach Ersatz gesucht: zwecklos, die Muh war nirgends mehr zu bekommen. Natürlich war das Modell weder im Spielwarenhandel noch bei eBay aufzutreiben – jetzt waren andere Kuscheltiere »in«. Warum gibt's für Schmusetiere eigentlich keine Nachkaufgarantie wie für Porzellan? Gott sei Dank ist die Muh nach zwei Wochen wieder bei den Großeltern aufgetaucht, ab da ging das Einschlafen wieder problemlos.

Mein Rat

Lieblingskuscheltiere braucht man in doppelter Ausführung.

89

Schranksicherung einmal anders

Schranksicherungen geben ein beruhigendes Gefühl. Putzmittel oder andere gefährliche Gegenstände sind sicher vor dem kleinen Forscher verwahrt, Schränke bleiben vor dem Ausräumen geschützt. Schränke mit Kindersicherung sind naturgemäß interessanter als Schränke ohne. Mit etwas über einem Jahr hatte meine Kleine herausgefunden, wie sie alle gekauften Schranksicherungen öffnen konnte. Ich hatte mich in der trügerischen Sicherheit gewiegt, dass sie den Besteckkasten nicht öffnen kann. Weit gefehlt. Sie kam mir mit einem Messer in der Hand entgegengestakst. Was sie danach lange Zeit nicht »geschafft« hat, war fest gespannte Gummibänder, die ich beispielsweise über zwei nebeneinanderliegende Besteckkästen gespannt hatte, abzulösen. Diese Kindersicherung kostet zwei Cent und ist auch in fremden Wohnungen (Urlaub, Elternbesuch) ganz einfach anzubringen.

Mein Tipp

Gummibänder sind eine effektive und günstige Kindersicherung.

Notfallplan für Pinnwände und Kühlschränke

Die eigene Adresse kann man im Schlaf aufsagen, das stimmt wenigstens so lange, bis man ein blutendes und lauthals brüllendes Kind vor sich hat. Es kostet nicht viel Zeit, ein paar Informationen und Telefonnummern auf ein Papier zu schreiben und gut sichtbar in der Wohnung aufzuhängen. Eine solche Vorsorgemaßnahme gibt auch dem Babysitter ein gutes Gefühl.

Daher gehört an die Pinnwand, neben das Telefon, an den Kühlschrank oder wo auch immer gut übersichtlich ein Notfallpapier. Darauf sollte gut erkennbar stehen:

- die Nummern von Feuerwehr (112) und Polizei (110);
- die eigene Adresse (wohin soll der Krankenwagen auch sonst fahren);
- Telefonnummer und Adresse des Kinderarztes;
- Telefonnummer des nächsten Krankenhauses;
- die Giftnotrufnummern der einzelnen Bundesländer; im Falle des Falles sollten Sie wissen: Was und wie viel wurde eingenommen – wie alt und schwer ist das Kind – was wurde bereits unternommen;
- Telefonnummern der Personen, die im Notfall verständigt werden sollen.

Und es schmeckt nicht ...

Liebevoll hast du den Kürbis, die Pastinake, die Karotte zubereitet und gekocht – und nun wird das Essen in hohem Bogen durch die Küche gespuckt. Mit etwas Glück spuckte sich der kleine Racker nur selbst an (das hatte man ja schon geahnt und ihm oder ihr einen großen Latz umgebunden), meist bekam aber auch ich oder die Küchenwand was ab.

Latz und Küchenschürze für mich waren als »Schutzmaßnahme« beim Essen bei Weitem nicht genug. Mit der Zeitung des Vortags hab ich den Küchenboden unter und um den Babystuhl herum ausgelegt. Nach der Fütterungsaktion habe ich diese dann einfach zusammengefaltet und in die Papiertonne gesteckt. Die paar Breispritzer vom Hochstuhl zu kratzen war dann wirklich nur noch eine Kleinigkeit ...

Mein Rat

Ein (abwaschbarer) Latz ist nicht genug! Auch Mama und die Küche brauchen »Schutz«.

Wie viel darf's denn sein?

Zufüttern ist nach dem ersten halben Jahr für Mutter und Kind neu. Jetzt wird nicht mehr nur aus Brust oder Flasche getrunken, Magen und Kopf müssen sich erst an die neue Form der Nahrungsaufnahme gewöhnen. Die Sitzhaltung ist anders, im Kindermund ist ein Löffel, gekuschelt wird vor oder nach dem Essen, aber nicht mehr währenddessen. Die Anfangsportionen sind klein. Ein bis drei Löffel am Anfang, steigern lassen sich die Mengen erst langsam. Die Portion jeden Tag frisch zu kochen lohnt nicht. Vielmehr ist es sinnvoll, eine größere Menge an Gemüsebrei zuzubereiten und diese mithilfe von Eiswürfelbereitern portionsweise einzufrieren. Mit oder ohne Mikrowelle sind diese Gemüsebrei-Eiswürfel schnell aufgetaut und können in der Menge problemlos nach Bedarf gesteigert werden.

Mein Tipp

Selbst gekochter Babybrei lässt sich wunderbar im Eiswürfelbereiter portionieren und gefroren aufbewahren.

Nachwort

Vor knapp drei Jahren hat sich mein Leben komplett umgekrempelt. Ich wurde schwanger und brachte eine wundervolle Tochter zur Welt. Von einem Tag auf den anderen veränderte sich »meine« Welt. Jetzt drehte sich alles um ein kleines Wesen, das ich über alles liebte, dessen Bedürfnisse ich anfangs aber oft nur nach dem Versuch-und-Irrtum-Prinzip ergründen konnte. Mein Tagesablauf war ab da ein komplett anderer: Keine Arbeitskollegen mehr um mich herum, selten eine Nacht, in der ich durchschlafen konnte, ein Alltag, den ich jetzt mit Kind im Arm bewältigen musste.

Während meiner Schwangerschaft habe ich einen Babyratgeber nach dem anderen verschlungen. Ich wollte optimal vorbereitet sein auf mein neues Leben mit Kind. War ich auch – bis auf den Alltag. Wann verschwindet endlich mein Bauch wieder? Woran muss ich denken, wenn ich zum ersten Mal ohne Kind ausgehe? Wie schaffe ich es, auch mit Baby meinen Partner, meine Verwandten und meine Freunde nicht zu kurz kommen zu lassen? Wie schaffe ich es, dass unsere kleine Familie »funktioniert«?

Ganz oft suchte ich nach Tipps, um das tägliche Leben mit Baby in den Griff zu bekommen, nach Tipps, die für eine »erfahrene« Mutter selbstverständlich und nicht der Rede wert sind. Alle Ratschläge, die ich im Laufe der Zeit erhalten habe und die mir geholfen haben, mich in meinem neuen Leben zurecht zu finden, habe ich in diesem Buch zusammengefasst – in der Hoffnung, dass Ihnen – anders als mir – einige »Tücken des Alltags« erspart bleiben und Sie eine wundervolle Zeit mit Ihrem Baby erleben.

Über die Autorin

Simone Gaffron ist Juristin und hat ihre Lebensschwerpunkte in Deutschland und New York. Sie berichtet von den Erfahrungen, die sie in ihrer Zeit als Vollzeitmutter – sozusagen länderübergreifend – gesammelt hat, und welche Herausforderungen es dabei im Alltag mit dem Baby zu bewältigen galt.

Bibliographische Information der Deutschen Bibliothek
Die Deutsche Bibliothek verzeichnet diese Publikation in der Deutschen Nationalbibliographie; detaillierte bibliographische Daten sind im Internet über http://dnb.ddb.de abrufbar.

BLV Buchverlag GmbH & Co. KG
80797 München

Illustrationen und Layout: Sabine Fuchs, fuchs_design, München
Lektorat: Christa Klus-Neufanger, Annette Maas
Herstellung: Angelika Tröger
DTP: Satz + Layout Peter Fruth GmbH

Gedruckt auf chlorfrei gebleichtem Papier

Printed in Germany
ISBN 978-3-8354-0443-4

Hinweis
Das vorliegende Buch wurde sorgfältig erarbeitet. Dennoch erfolgen alle Angaben ohne Gewähr. Weder Autorin noch Verlag können für eventuelle Nachteile oder Schäden, die aus den im Buch vorgestellten Informationen resultieren, eine Haftung übernehmen.

Schnell, gesund und lecker

Birgit Kaltenthaler/Dr. med. Heike Kovács
Köstlich kochen für Baby und Familie
Der zuverlässige Ernährungsberater fürs erste Babyjahr ·
Gesundes Essen für den Säugling und für die ganze Familie –
mit wenig Aufwand zu kochen · Mit Extra: Essprobleme,
Allergien, Übergewicht.
ISBN 978-3-8354-0383-3

Bücher fürs Leben.